Dedico este libro a Dios, cuya luz guía cada página y da significado a cada palabra; a mis hijos, quienes son la inspiración detrás de cada sueño y la fuerza que impulsa mis pasos; y a mi amada esposa, cuyo amor incondicional es el ancla que sostiene mi corazón en medio de las tormentas y la brújula que me dirige hacia el hogar.

Wilson Agudelo

Lectura Meditativa para
SANAR EL ALMA

"En el silencio profundo donde el alma sueña y el corazón despierta, se encuentra la paz eterna que en la vida se anhela. Allí, donde la luz del ser interior ilumina el camino, se descubre la calma y el amor divino."

Conexión Bambú

TABLA DE CONTENIDO

Introducción 8

❃

La Herida Emocional del Abandono	10	La Herida Emocional del Rechazo	19
Bálsamo para el alma	11	Una luz de verdad	20
La Generosidad	13	Sanando para brillar	22
Desde el corazón	14	Abrazando desde el amor	23
La Compasión	16	La herida emocional de la humillación	25
A los pies de mi espejo	17	Encontrando la paz	26

❃

La Herida Emocional de la Traición	28	La herida emocional de la injusticia	37
Abriendo las puertas del corazón	29	Florecer en la justicia del alma	38
La gratitud	31	Consciencia	40
Gracias, Gracias, Gracias	32	La caída del velo	41
La Gratitud y la Entrega	34	Renacer al Auto-Descubrimiento	43
Ligero	35	Viaje del alma	44

❃

Sendero de los milagros	46	La visión y la fe	55
Un nuevo camino	47	Un propósito, un caminar	56
El poder del ahora	49	Una luz intensa	58
Aquí y Ahora	50	El brillo del alma	59

El Perdón	52	Espíritu Santo	61		
El sendero del perdón	53	Espíritu Santo	62		

❄

El poder de la intuición	64	La Llave Maestra	73
En silencio profundo	65	Erase una carga pesada	74
La Sanación del Alma	67	Creencias, Raíces Profundas	76
Sanando las Heridas	68	Raíces Profundas	77
Un Eco Profundo	70	El Reflejo del Espejo	79
Música al final del eco	71	Reflejo de Luz	80

❄

La Manifestación de Dios	82	La Ley del Karma	91
Milagros	83	Karma	92
La Ley de la Potencialidad Pura	85	El Poder Natural	94
Poder Natural	86	Poder Ilimitado	95
La Ley del Dar	88	El poder de la Intensión	97
Dar	89	Sincronía Perfecta	98

❄

La Ley del Desapego	100	Entrega Profunda	109
Renuncias	101	Fluir	110
EGO	103	Son solo experiencias	112
Disolviendo el Ego	104	Viviendo	113
Humildad	106	Rompiendo las cadenas	115
Des Aprender	107	Rompiendo las cadenas	116

Liberando la carga	118	Agradecimiento	127		
Liberando la carga	119	Todo es lo es	128		
Sin identidad	121	Confianza Superior	130		
Quien soy ?	122	Confianza	131		
El poder de la meditación	124	El poder de la intuición	133		
Silencio	125	Ahora puedo escuchar	134		

El poder de una visión	136	Mateo 19:14	145
Visión	137	Inocencia	146
El miedo	139	Juan 1:1	148
Sombras	140	Verbo	149
El perdón	142	El poder de la conciencia	151
Liviano	143	Camino libre	152

Ahora puedo escuchar	154	Principios Universales	163
Silencio	155	Bases Solidas	164
Ignorancia	157	Causa y Efecto	166
Aprender	158	Semillas	167
La Culpa	160	La Ley del Amor	169
Culpa	161	Simplemente SOY	170

Ley del Aprendizaje	172	Ley de la polaridad	181
Enfoque	173	Reconciliación	182
Ley de la Correspondencia	175	Ley del ritmo	184
Eco interno	176	Baile Universal	185
Ley de la Vibración	178	Ley de la Relatividad	187
Vibramos	179	Nada Es	188

Ley de la Transmutación	190	Ley de la Manifestación	199
Cambio	191	Deseo o Necesidad	200
Ley de la Unidad	193	Ley del Equilibrio	202
Unidad	194	Balance	203
Ley del Mentalismo	196	Ley de la No Resistencia	205
Arquitectos	197	Fluir	206

Ley de la Entrega	208	Ley del Desapego	214
Confianza Universal	209	Renuncias	215
Ley de la Abundancia	211	El poder de la Imaginación	217
Abundancia	212	Creación	218

OTROS VERSOS

✤

La Voz Interior	221	El Susurro del Viento	225
El Espíritu Santo en Mí	221	La Fuerza del Mar	225
La Sabiduría del Silencio	221	El Abrazo del Árbol	225
El Camino de la Aceptación	221	La Luz de la Luna	225
La Fuerza del Amor	222	El Canto del Río	226
La Sabiduría de la Vida	222	El Resplandor del Sol	226
El Poder del Ahora	223	El Murmullo de la Lluvia	226
La Belleza en lo Efímero	223	El Respiro de la Montaña	227
El Ciclo Eterno de la Vida	224	El Danza de las Estrellas	227

Gracias, Gracias, Gracias.. 228
Sobre el Autor.. 229
Otros libros del autor... 230

Introducción

Querido lector, Bienvenido a un espacio de reflexión, inspiración y transformación. Las páginas que están por descubrir no solo contienen palabras, sino un viaje hacia lo más profundo de tu ser. A lo largo de esta obra, exploraremos los misterios del ego, la liberación que trae el perdón, el poder de una visión clara y la paz que ofrece el desapego, entre muchos otros conceptos que te permitirán sanar en este hermoso camino de la vida. Cada concepto ha sido cuidadosamente entrelazado con meditaciones y poemas que buscan resonar con tu esencia, despertando en ti una conexión más profunda con la verdad que habita en tu interior. El propósito de esta obra es ofrecerte un mapa hacia el reconocimiento de tu naturaleza más auténtica. En una realidad donde el ego nos distrae con ilusiones de control, juicio y miedo, estas páginas te invitan a soltar esas cargas y a abrazar el poder de vivir desde el presente, la gratitud y el amor incondicional. Los principios aquí expuestos te guiarán para reconectar con lo esencial: tu ser espiritual. Más allá de los conceptos, he incluido poemas profundamente meditativos. Cada poema ha sido concebido con la intención de ser una pausa, un respiro para tu mente y tu corazón, permitiendo que te adentres en un estado de serenidad y autoexploración. Estos versos han sido escritos para acompañarte en el camino, ofreciendo un espacio donde las palabras se disuelven y solo queda la experiencia pura del ser.

Te invito a leer estas páginas con el corazón abierto, sin expectativas, sin prisa. Que cada palabra, cada reflexión y cada verso te acerque un poco más a ti mismo, al lugar de paz y sabiduría que siempre ha estado ahí, esperando ser descubierto.

Con profunda gratitud, te doy la bienvenida a este viaje de autoconocimiento y transformación.

Con todo mi cariño,

LECTURA MEDITATIVA
&
Poemas que Sanan

La Herida Emocional del Abandono

La herida del abandono en la infancia es una cicatriz sutil que deja una marca indeleble en el alma, una marca que, aunque invisible a los ojos externos, resuena profundamente en el corazón. Esta herida nace del vacío dejado por la ausencia emocional o física de quienes deberían haber sido nuestros refugios seguros, y se convierte en un eco persistente que moldea nuestra percepción del amor y la seguridad. Al explorar esta herida con compasión y paciencia, descubrimos que no se trata de un peso que debemos cargar, sino de un maestro silencioso que nos invita a reencontrarnos con nuestra esencia más pura. En la soledad de la ausencia, buscamos desesperadamente el amor que nos fue esquivo, y en ese anhelo encontramos la oportunidad de redescubrir nuestra fortaleza interior. El viaje hacia la sanación comienza cuando aceptamos esta herida no como una maldición, sino como una guía hacia una mayor comprensión de nosotros mismos y de nuestro valor intrínseco. En el abrazo de la autoaceptación y el perdón, transformamos el dolor en una fuente de sabiduría, aprendiendo que en la profundidad de nuestra vulnerabilidad reside una capacidad inquebrantable para amar y sanar.

Bálsamo para el alma

En el vasto paisaje del alma, donde la infancia aún respira, queda la herida que reclama, el abrazo que no gira.

Abandono en la memoria, sombras que al corazón hieren, más en la búsqueda se halla la gloria, de sanar lo que no muere.

En el eco de la ausencia, donde el niño se escondía, nace la luz de la conciencia, que a la herida desafía.

Sanar es un viaje interno, de amor propio y aceptación, es abrazar al niño eterno, con ternura y compasión.

No es borrar el pasado, ni olvidar lo que se siente, es hallar en lo vivido el legado, de ser fuerte y resiliente.

El abandono se transforma, cuando el alma se comprende, cuando el amor nos conforma, y en el presente se extiende.

En cada lágrima vertida, en cada sollozo escondido, hay una promesa no perdida, de un corazón renacido.

Así, en el abrazo tierno, de nuestra propia humanidad, sanamos el dolor eterno, con amor y con verdad.

La Generosidad

La generosidad es un acto sagrado que va más allá del simple dar; es una expresión del alma que trasciende el ego y conecta corazones en un flujo continuo de amor y compasión. Al ser generosos, no solo entregamos algo tangible, sino que también ofrecemos una parte de nosotros mismos, una chispa de luz que ilumina tanto al que da como al que recibe. La verdadera generosidad brota de un corazón abierto, libre de expectativas y lleno de gratitud, y en ese acto de entrega desinteresada, encontramos un poder sanador inmenso. La generosidad tiene la capacidad de transformar el dolor en paz, el aislamiento en comunidad, y la escasez en abundancia. Cuando damos sin esperar nada a cambio, rompemos las cadenas del egoísmo y nos sumergimos en el flujo natural del amor universal. Este flujo no solo sana a quienes tocamos con nuestras acciones, sino que también limpia nuestras propias heridas, llenando los vacíos internos con la plenitud de la conexión humana y la alegría de compartir. En la generosidad, descubrimos que al sanar a otros, nos sanamos a nosotros mismos, y que en cada acto de bondad, creamos un mundo más compasivo y lleno de luz.

Desde el corazón

En el ahora eterno y claro, donde el tiempo se desdibuja, nace la generosidad, faro, que el corazón desnuda.

No es el dar con condición, ni el acto que reclama, es el flujo de compasión, que en el alma se derrama.

Generosidad es la entrega, sin la sombra del deseo, es la mano que se despliega, en un gesto sincero y leal.

En cada ser vemos reflejo, de la luz que nos unifica, es en el ahora donde el dejo, de separación se purifica.

La generosidad es pureza, que en silencio se cultiva, es el poder de la certeza, de que el amor es quien nos guía.

Como el río que comparte, sin esperar recompensa, es el ser que se reparte, en amor que no compensa.

Es el don, la benevolencia, es la entrega sin medida, es el acto, la experiencia, de una vida compartida.

Así, en el presente puro, en el ahora sin distancia, la generosidad es el muro, que sostiene la esperanza.

La Compasión

La compasión es el puente que une las almas en su esencia más pura, una fuerza silenciosa pero poderosa que tiene el don de sanar las heridas más profundas. Es en la compasión donde encontramos la verdadera comprensión del sufrimiento ajeno, y al abrirnos al dolor de los demás, también nos abrimos a la posibilidad de curación y transformación. La compasión no es solo sentir por el otro, sino estar con el otro, sostener su carga con suavidad y ofrecer un refugio de amor incondicional. Al practicar la compasión, rompemos las barreras del juicio y el temor, y nos acercamos al núcleo de lo que significa ser verdaderamente humanos. En ese acto de empatía sincera, no solo aliviamos el sufrimiento de quienes nos rodean, sino que también sanamos nuestras propias cicatrices. La compasión es la medicina del alma, una fuerza que desarma el odio y el resentimiento, y en su lugar, siembra las semillas de la paz y la reconciliación. Es en la compasión donde encontramos la capacidad de perdonar, de amar sin condiciones, y de ver más allá de las fallas y los errores, reconociendo la belleza intrínseca en cada ser. Al practicar la compasión, nos convertimos en instrumentos de sanación en un mundo que ansía consuelo, y en esa entrega, descubrimos la paz y la plenitud del corazón que late al unísono con el universo.

A los pies de mi espejo

En el abrazo del ahora, donde el tiempo se disuelve, nace la compasión que aflora, en el alma que resuelve.

No es el peso que se impone, ni la lágrima solitaria, es el amor que se dispone, a ser faro en la adversaria.

Compasión es la ternura, de la mente en equilibrio, es la mano que en la dura, brinda aliento y alivio.

En cada mirada vemos, la chispa que nos conecta, es en el ahora donde sabemos, la esencia que nos afecta.

La compasión es paciencia, que en silencio se cultiva, es el poder de la presencia, en el momento que vivifica.

Como el sol que no discrimina, con su luz siempre entregada, es el ser que no elimina, al hermano en su jornada.

Es el gesto, la caricia, es la entrega sin medida, es el paso, la noticia, de un amor sin otra vida.

Así, en el presente puro, en el ahora sin distancia, la compasión es el muro, que sostiene la esperanza.

La Herida Emocional del Rechazo

La herida del rechazo deja cicatrices invisibles que habitan en lo más profundo del alma, donde cada sentimiento de no ser suficiente se convierte en un eco que resuena a lo largo de la vida. Sin embargo, en la aceptación de esta herida radica la posibilidad de una profunda transformación. Cuando enfrentamos el dolor del rechazo con valentía, permitimos que la luz de la conciencia ilumine nuestras sombras, revelando que el valor propio no depende de la aprobación externa. En lugar de seguir buscando fuera lo que solo podemos encontrar dentro, aprendemos a abrazar nuestra autenticidad, entendiendo que el verdadero amor empieza por uno mismo. Es en la reconciliación con nuestras imperfecciones donde se disuelve el miedo al rechazo, y en su lugar, florece una paz interior que no necesita validación. La herida del rechazo, cuando es sanada, se convierte en una fuente de fortaleza, enseñándonos que somos dignos de amor y pertenencia, no por lo que hacemos, sino simplemente por lo que somos. A través de este proceso, descubrimos que el rechazo no define nuestra esencia, sino que nos guía hacia una comprensión más profunda de nuestro valor intrínseco, y en esa realización, encontramos la libertad y la verdadera aceptación.

Una luz de verdad

En el vasto paisaje del alma, donde el eco del rechazo resuena, se alza la esperanza que no se calma, como el sol tras la tormenta plena.

En las sombras de la infancia herida, donde el dolor hizo su nido, nace la flor de una vida, que encuentra en el amor su abrigo.

En cada lágrima vertida, en cada grito ahogado, existe la promesa no perdida, de un corazón renovado.

Sanar es un viaje de regreso, a la esencia que nunca muere, es abrazar el propio reflejo, en el espejo que se quiere.

Rechazo, fantasma del pasado, que intenta borrar la sonrisa, más en el alma ha quedado, una luz que suavemente brilla.

Es el acto de la autoaceptación, el camino de la sanación profunda, es el amor en plena acción, que en el ahora se funda.

Sanando para brillar

La sanación de la herida del abandono es un viaje hacia el milagro interior, un proceso en el que cada paso nos acerca a la restauración de nuestra esencia más pura. En el vacío dejado por el abandono, donde una vez resonaron ecos de soledad, empieza a florecer una conexión profunda con el yo auténtico. Al enfrentar este dolor con amor y compasión, permitimos que la luz del entendimiento transforme el vacío en un espacio fértil para el crecimiento personal. El verdadero milagro ocurre cuando reconocemos que el abandono no define nuestro valor, sino que nos ofrece la oportunidad de descubrir una fuerza interior que siempre ha estado presente. Es en la aceptación y el perdón hacia nuestro pasado donde se revela la belleza de la sanación, permitiendo que cada herida se convierta en un testimonio de nuestra resiliencia y capacidad para renovarnos. A través de esta transformación, nos reconectamos con una fuente inagotable de amor y pertenencia, entendiendo que la verdadera sanación reside en nuestra capacidad de abrazar nuestras cicatrices como parte integral de nuestra historia, no como marcas de carencia, sino como símbolos de la profunda fortaleza que emerge de la integración y el perdón. En este proceso, el milagro no es solo la curación de la herida, sino la revelación de nuestra capacidad infinita para renacer y florecer en la plenitud del ser.

Abrazando desde el amor

En el rincón de la infancia dolida,
donde el abandono dejó su marca, nace
una llama adormecida, que busca amor
en su barca.

El dolor de un niño olvidado, teje
sombras en su ser, más en el corazón
anidado, vive el deseo de renacer.

Sanar es abrazar la herida, con
ternura y compasión, es encontrar la luz
perdida, y forjar una nueva canción.

Así, como el ave fénix surge, del fuego
de su dolor, renace el alma y urge, hacia
un nuevo amanecer, sin temor.

La herida emocional de la humillación

La herida de la humillación en la infancia es como una sombra que se imprime en lo más profundo del ser. Surge cuando el niño, en su vulnerabilidad, es expuesto a la vergüenza, a la burla o al juicio, y en ese instante, comienza a construirse una capa de protección que se manifiesta como retraimiento o exceso de autosuficiencia. Esta herida lleva al alma a creer que no es digna, que no merece ser vista en su totalidad, lo que a menudo deriva en una vida guiada por la autoexigencia o el temor a la opinión ajena. Sin embargo, en la profundidad del dolor también yace la semilla de la sanación. Al mirar con compasión esas cicatrices, al abrazar con ternura al niño interior que una vez sufrió, podemos comenzar a disolver esa identidad construida en torno a la humillación. La aceptación se convierte en el antídoto, y poco a poco, la herida deja de definirnos. Recordamos que nuestra verdadera esencia es intocable, más allá de las experiencias y el dolor. Así, el perdón y el amor incondicional hacia uno mismo se convierten en el camino hacia la libertad. Al final, la herida se transforma en una puerta que nos abre a una verdad más profunda: somos, siempre hemos sido, completos y suficientes.

Encontrando la paz

En lo profundo de mi ser dormido, una herida vieja se ha escondido, la humillación, en la infancia grabada, como sombra oscura que nunca se apaga.

Pero hoy me atrevo a mirar adentro, a abrazar al niño que lleva el tormento, con amor y ternura lo empiezo a sanar, porque su dolor ya no me va a guiar.

La vergüenza se disuelve en la aceptación, y el juicio ajeno pierde su razón, pues en mi alma hay luz infinita, que trasciende todo lo que limita.

Ya no soy el eco de aquella herida, soy completo, soy vida, soy alegría, y en el perdón me libero del ayer, vuelvo a mí, donde siempre debí ser.

La Herida Emocional de la Traición

La herida de la traición en la infancia es una profunda marca en el alma que, aunque dolorosa, tiene el potencial de ser un catalizador para una profunda transformación personal. Esta herida se origina en la sensación de haber sido abandonado o engañado por quienes debían ofrecer seguridad y amor incondicional. En su esencia, la traición en la infancia crea un eco en nuestro ser, una grieta que puede llevarnos a cuestionar nuestra valía y la confianza en el mundo. Sin embargo, en el proceso de enfrentar y sanar esta herida, descubrimos un camino hacia el autoconocimiento y la autoaceptación. Al confrontar el dolor con compasión y valentía, comenzamos a entender que la traición no define nuestro valor ni nuestro destino, sino que nos brinda una oportunidad para reconstruir nuestra relación con nosotros mismos y con los demás. A través de la aceptación y el perdón, tanto hacia quienes nos han herido como hacia nosotros mismos, transformamos la traición en una lección de resiliencia y crecimiento. Así, la herida de la traición se convierte en un terreno fértil para la sanación, donde podemos sembrar las semillas del amor propio, la confianza renovada y la fortaleza interior. En este proceso, no solo sanamos nuestras propias heridas, sino que también abrimos el camino para una vida llena de autenticidad y conexión genuina, donde el dolor se disuelve en la luz de una nueva comprensión y libertad.

Abriendo las puertas del corazón

En el reflejo del pasado, se oculta el dolor, de una madre que traicionó, rompiendo el amor. Desde niñas vimos, la traición y la pena, una sombra persistente, que aún en nosotros resuena.

Pero en el ahora, busco la sanación, en el poder del perdón, encuentro redención. Madre, te perdono, por tus errores y caídas, con amor y compasión, cierro las heridas.

La traición quebró, lo que parecía eterno, dejando cicatrices, en el frío invierno. Pero en la luz del presente, hallo mi guía, una voz interna, que me llena de alegría.

La vida me enseña, a soltar el rencor, a liberar el alma, de tanto dolor. En el perdón hacia ti, madre, encuentro paz, una liberación profunda, que el corazón abraza.

Susurra mi espíritu, con amor sincero, que el perdón es la llave, al amor verdadero. No eres solo la traición, ni el error del pasado, eres un ser humano, que también ha llorado.

La gratitud

La gratitud es un faro luminoso que ilumina el camino hacia la sanación profunda del alma. Al cultivar este valor, nos sumergimos en un mar de reflexión que revela la abundancia oculta en cada experiencia, incluso en las más difíciles. La gratitud transforma la percepción de nuestro sufrimiento y desafíos, al convertir cada momento en una oportunidad para reconocer las lecciones y bendiciones que la vida nos ofrece. Cuando abrazamos la gratitud, no solo nos liberamos del peso del resentimiento y la falta, sino que también abrimos nuestro corazón a una nueva vibración de paz y aceptación. Este acto de reconocimiento y aprecio tiene el poder de reconfigurar nuestras emociones, sanar viejas heridas y permitirnos ver la belleza en lo ordinario. A través de la gratitud, aprendemos a reconciliarnos con nuestro pasado, a valorar el presente y a recibir el futuro con esperanza. En este estado de agradecimiento, cada dificultad se convierte en un peldaño hacia una mayor sabiduría y crecimiento, y cada pequeña alegría se magnifica en una fuente de energía curativa. Así, la gratitud se convierte en una poderosa herramienta de transformación que nos guía hacia una existencia más plena y consciente, donde cada día es una celebración de la vida misma.

Gracias, Gracias, Gracias

Cada mañana despierto, con el corazón lleno de gratitud, en el ahora encuentro, la paz y la plenitud. El sol se alza, y con su luz me abraza, la vida me regala, un nuevo día que arrasa.

Con cada respiro, agradezco el milagro de existir, en el amor encuentro, la fuerza para persistir. El presente es mi guía, la alegría mi canción, cada amanecer me inspira, a vivir con pasión.

La vida es un regalo, y con gratitud la acepto, en cada momento hallo, la belleza que detecto. Gracias doy al universo, por este día brillante, mi alma se llena de gozo, en cada instante.

Hoy elijo ser feliz, con el corazón abierto, la gratitud me llena, y a la vida me conecto. En el ahora vivo, con amor y esperanza, cada mañana renazco, con renovada confianza.

La Gratitud y la Entrega

La gratitud y la entrega son dos alas de una misma ave, que al unirse, elevan el alma hacia una dimensión de profunda sanación y paz. La gratitud, al ser un acto de reconocimiento y apreciación, nos conecta con el presente, revelando la abundancia escondida en cada instante y transformando las sombras del pasado en luz. Es el reconocimiento sincero de que cada experiencia, por dolorosa que sea, tiene un propósito y una enseñanza valiosa. La entrega, por su parte, es el acto de soltar el control y confiar en el flujo natural de la vida, permitiendo que el universo obre su magia sin resistencia. Al entregar nuestras expectativas y temores, liberamos la energía que antes estaba atrapada en la lucha y el esfuerzo. Cuando combinamos gratitud y entrega, encontramos una armonía que calma las tormentas internas y abre nuestro ser a una sanación profunda. Nos damos cuenta de que al aceptar y apreciar el momento presente, y al confiar en el proceso de la vida, podemos sanar las heridas más profundas del alma. En esta fusión de gratitud y entrega, descubrimos que la verdadera paz no proviene de controlar el resultado, sino de aceptar y apreciar cada experiencia como una manifestación de un amor más grande. Así, sanamos nuestro ser y nos alineamos con la esencia de nuestra verdadera naturaleza, viviendo en un estado de plenitud y serenidad que nutre el alma.

Ligero

Al final de este día, con gratitud me inclino, agradezco lo vivido, en cada paso divino.

Cada experiencia, cada risa, cada lágrima y suspiro, me han llevado más cerca, de entender tu suspiro.

Espíritu Santo, te entrego mi sueño y mi descanso, en tus brazos confío, en tu amor me abalanzo.

Que mi alma repose, en tu paz celestial, renuévame con tu gracia, en la noche angelical.

Gracias por las lecciones, por la guía y el amor, por cada momento vivido, que me hizo mejor.

En la quietud de la noche, mi corazón se rinde, a tu luz y tu sabiduría, que mi ser enciende.

Que en mis sueños encuentre, la paz y la claridad, que tu presencia me envuelva, con infinita bondad.

Espíritu Santo, en ti confío, mi descanso es pleno, con gratitud me duermo, en tu abrazo sereno.

La herida emocional de la injusticia

La herida de la injusticia en la infancia se siente como un eco persistente en el corazón, una sensación de haber sido incomprendido o tratado con dureza, cuando lo que más se anhelaba era equidad y amor. Este dolor, tan arraigado, puede convertirse en una armadura que endurece el alma, forjando barreras ante la vulnerabilidad. Sin embargo, cuando comenzamos a observar esa herida con compasión, podemos ver que la injusticia no define nuestra valía. En lugar de endurecernos, podemos optar por suavizarnos, por abrirnos al perdón, no solo hacia aquellos que nos lastimaron, sino también hacia nosotros mismos, por cargar con el peso del resentimiento. Al sanar esta herida, descubrimos la fuerza interna que nos permite vivir con integridad, sin la necesidad de buscar validación externa. La justicia verdadera comienza dentro, en la aceptación de nuestra pureza y dignidad, reconociendo que, a pesar de las circunstancias, siempre hemos sido completos. En esa realización, la paz encuentra su hogar y la sanación se convierte en nuestra más profunda verdad.

Florecer en la justicia del alma

En mi pecho sentí la herida, la injusticia me cubrió de duda, con lágrimas invisibles me escondí, creyendo que el mundo no era para mí.

Pero el tiempo me susurró al oído, que el dolor no es eterno ni su abrigo, que en mi alma vive la verdad, más allá del juicio, la plena dignidad.

Perdono a quien me hirió sin razón, y suelto la carga de la indignación, pues en mi corazón siempre ha estado la luz que nunca se ha apagado.

Hoy elijo vivir sin la armadura, mi ser en libertad, mi paz pura, y en la aceptación de mi esencia hallé, que el amor es mi guía, mi fe.

La injusticia ya no define mi ser, en la compasión encuentro mi poder, y al abrazar lo que siempre fui, la sanación florece dentro de mí.

Consciencia

El despertar de la conciencia es un viaje profundo y transformador que nos invita a salir de la sombra de la ilusión y a abrazar la luz de nuestra verdad interna. En el silencio del despertar, descubrimos una magia que reside en la comprensión de nuestra verdadera esencia y en la conexión con el universo en su totalidad. Este proceso nos abre los ojos a la belleza oculta en cada momento, revelando que la vida no es una mera secuencia de eventos, sino un flujo constante de posibilidades y maravillas. Al despertar, nos liberamos de las cadenas del condicionamiento y las creencias limitantes, permitiendo que nuestra mente y corazón se alineen con una visión más clara y expansiva. En esta nueva percepción, encontramos la magia de la presencia, donde cada respiración se convierte en una celebración de la existencia y cada desafío en una oportunidad para el crecimiento y la expansión. El despertar de la conciencia nos lleva a un estado de armonía y paz interior, donde la vida se manifiesta en su forma más pura y auténtica, y descubrimos que la verdadera magia no está en los milagros externos, sino en la capacidad de ver y vivir el milagro de nuestro ser en su plenitud.

La caída del velo

En el susurro del despertar sereno, donde la ilusión se disuelve en paz, surge la magia del ser pleno, en cada instante, la verdad se abraza más.

La conciencia se alza, luz que ilumina, despierta en la calma, la esencia revelada, en cada latido, la vida se destina, a una danza de amor, la existencia abrazada.

En el silencio del ser, descubrimos el brillo, de una verdad que siempre ha estado allí, y en el fluir del momento, hallamos el hilo, que une el corazón con el cosmos sin fin.

Liberados del peso de viejas creencias, encontramos la paz en la presencia pura, y cada desafío es una nueva conciencia, una oportunidad para la luz que perdura.

El despertar es un canto de maravilla, donde cada respiración es un regalo sagrado, y en la danza del ahora, el alma brilla, en la magia de ser, el ser es celebrado.

Así, en la armonía de la vida y el ser, vemos el milagro en su forma verdadera, en el despertar de la conciencia, al comprender, que la magia de vivir está en la luz que nos llena.

Renacer al Auto-Descubrimiento

En el vasto viaje del autodescubrimiento, el renacer se revela como un acto sagrado de liberación y transformación. Cada etapa de nuestra vida es un ciclo de regeneración, donde las viejas capas de identidad se deshacen para dar paso a una esencia más auténtica y profunda. Este proceso de renacer no solo desvela las verdades ocultas dentro de nosotros, sino que también nos conecta con la magia intrínseca del ser. En el silencio de la introspección, descubrimos que somos arquitectos de nuestra propia realidad, y en el despertar de nuestra verdadera naturaleza, nos alineamos con el propósito más elevado del cosmos. El renacer es una danza de autocomprensión y expansión, donde cada momento se convierte en una oportunidad para abrazar nuestro potencial más puro y vivir en armonía con la esencia divina que reside en nuestro interior. En este proceso de autodescubrimiento, la magia no está en buscar algo fuera de nosotros, sino en reconocer y celebrar la luz y el poder que siempre han estado presentes en nuestro ser más profundo.

Viaje del alma

En el viaje del alma hacia el ser profundo, donde la esencia del yo se revela en su mundo, el renacer nos llama con suave destello, a desprender las viejas capas del anhelo.

Cada ciclo se despliega, una danza sagrada, donde la identidad antigua se disuelve en la nada. En el silencio del ser, encontramos la clave, donde el nuevo despertar en calma se abre.

En la introspección, la magia se desvela, nuestro ser se alinea con la luz más bella. Somos arquitectos del sueño, de la realidad pura, en el renacer, descubrimos la esencia segura.

El renacer es un canto de autocomprensión, una danza de expansión, de amor y creación. Cada instante nos brinda la oportunidad divina, de abrazar el potencial que en nuestro interior germina.

La magia no busca fuera, sino en lo más interno, en la luz y el poder de nuestro ser eterno. Así en el renacer y el autodescubrimiento, vivimos en armonía con nuestro propio aliento.

Sendero de los milagros

En el sendero de los milagros, lo ordinario se eleva a lo extraordinario, impulsado por el poder del amor auténtico que reside en cada uno de nosotros. Este camino no se mide por éxitos materiales o pasos de perfección, sino por la valentía de abrir el corazón a lo divino. Cada momento es una oportunidad para reconocer lo sagrado en lo cotidiano, donde el amor verdadero brilla como una luz que disuelve las sombras del miedo y la duda. Este amor no está condicionado por expectativas, ni adornado con deseos egoístas, sino que fluye libre y puro, conectándonos con nuestra naturaleza esencial. A medida que avanzamos en este viaje de autodescubrimiento, aprendemos que el amor auténtico nos invita a aceptar lo que es, a perdonar lo que fue, y a elevarnos más allá de las circunstancias. En cada desafío, encontramos la semilla de crecimiento espiritual, donde el amor nos transforma desde adentro. Los milagros, en este contexto, no son eventos aislados ni raros; son manifestaciones naturales de la profunda conexión que experimentamos cuando nos entregamos completamente a esta energía transformadora. El amor verdadero actúa como un faro, iluminando nuestro camino y guiándonos hacia una vida plena de propósito y significado. No solo transforma nuestra perspectiva, sino también nuestra realidad, permitiéndonos ver el mundo con ojos renovados. Al abrazar este amor sin reservas, sanamos nuestras heridas más profundas y, al mismo tiempo, contribuimos a la sanación del mundo que nos rodea.Cada gesto de compasión, cada acto de bondad, se convierte en una expresión tangible de este amor, abriendo puertas a nuevas posibilidades y a una vida más rica en significado. En la unión entre milagros y amor auténtico, encontramos la clave para una existencia transformada, donde cada día es una oportunidad para experimentar la magia de la vida y el renacer continuo del ser. Este camino nos revela que, al confiar en el amor genuino, no solo encontramos sanación, sino también una conexión profunda con lo divino, que nos guía hacia una vida de abundancia y plenitud.

Un nuevo camino

En el sendero de los milagros, el alma se eleva, donde lo ordinario se vuelve sublime, y la esencia se revela. Cada paso, una danza en la luz de lo divino, donde el amor auténtico traza el camino.

Es un viaje de corazones abiertos, sin temor ni máscara, donde el amor verdadero fluye libre, sin espera ni frágil cáscara. En el crisol de nuestras vivencias, el amor se transforma, en una llama que disuelve dudas, en paz se transforma.

Cada milagro, un reflejo del amor que nos guía, en cada acto sincero, en cada elección, en cada melodía. El amor auténtico, un faro en la oscuridad, transforma cada sombra en luz, cada pena en serenidad.

Así, en este sendero, el poder se revela claro, en la pureza del amor, en el abrazo sincero y raro. Cada gesto de bondad, cada toque de compasión, es una chispa de magia, una danza de transformación.

Los milagros nacen del amor que fluye profundo, en cada acto de entrega, en cada lazo fecundo. En este viaje de revelación, el amor es la llave, que abre puertas al ser, a una vida que es suave.

El poder del ahora

En el vasto y profundo océano del presente, encontramos el lugar donde la verdadera paz mora, un espacio donde el tiempo se desvanece y solo queda el instante eterno. Aquí, en este sagrado ahora, el alma se libera de las cadenas del pasado, disolviendo cada sombra que el dolor haya dejado. En la luz del perdón y del amor, la mente se abre a una visión más elevada, trascendiendo las ilusiones que nos atan a sufrimientos que no tienen base en la realidad. Es en este acto de entrega, en este renunciar a las percepciones distorsionadas por el ego, donde encontramos la redención que tanto anhelamos. Cada pensamiento oscuro, cada juicio, es una oportunidad para elegir de nuevo, para optar por la paz en lugar del conflicto, por la unidad en lugar de la separación. En este proceso de liberación, descubrimos que el amor no es solo un sentimiento, sino una fuerza transformadora que redefine nuestra experiencia del mundo. Al elegir ver con los ojos del amor, el presente se convierte en un portal hacia la verdad, donde el ego pierde su poder y la esencia de nuestro ser se revela en toda su pureza. Vivir en el presente es abrazar la vida en su totalidad, sin miedo al futuro ni remordimientos por el pasado. Es permitir que cada respiro sea una expresión de gratitud, reconociendo que cada error es una lección, cada obstáculo, un paso más en nuestro camino hacia la plenitud. Al soltar los miedos y las dudas que nos limitan, nos entregamos al fluir de la vida con una confianza inquebrantable, sabiendo que el amor es la única verdad que perdura.

Aquí y Ahora

En la quietud del presente me hallo, donde el tiempo se disuelve en luz serena, cada instante es un nuevo regalo, donde el amor, en su pureza, se estrena.

Libero el peso del ayer distante, y del futuro incierto, me despido, en el ahora, el alma es vibrante, y en cada respiro, el miedo es vencido.

El perdón ilumina cada sombra, deshaciendo las cadenas del error, en la verdad que el corazón nombra, renace la paz, se aviva el fervor.

No hay juicio que mi esencia alcance, ni ilusión que pueda perturbar, en la unidad del amor, mi ser se expande, y en su luz, mi espíritu aprende a volar.

Cada paso es una danza en lo sagrado, cada error, una lección que florece, en la eternidad del ahora, todo es dado, y el amor, en su pureza, prevalece.

Así, en la jornada hacia el corazón, encuentro en la entrega mi liberación, donde el alma despierta sin condición, y en la paz del presente, hallo mi salvación.

El Perdón

El perdón es una de las fuerzas más transformadoras que podemos experimentar. Es como un bálsamo que libera el alma de las cargas invisibles del pasado, esas que a menudo arrastramos sin darnos cuenta. Cuando elegimos perdonar, soltamos no solo el dolor que otros nos han causado, sino también el peso del resentimiento que agobia nuestro ser. Este acto, lejos de justificar las heridas, nos permite verlas desde otra perspectiva, reconociendo que aferrarnos al sufrimiento impide nuestro florecimiento. El perdón se convierte en un puente hacia la paz interior, donde las heridas dejan de ser cicatrices y se transforman en sabiduría. En este proceso, nos liberamos no solo de los demás, sino también de las expectativas y juicios que imponemos sobre nosotros mismos. Es aquí donde el corazón vuelve a latir en armonía con el amor incondicional, y el alma encuentra la serenidad para sanar y continuar su camino. Al perdonar, transformamos el dolor en una herramienta para nuestro crecimiento personal, recordándonos que no somos prisioneros de nuestras experiencias, sino que poseemos el poder de decidir cómo nos relacionamos con ellas. El perdón no es debilidad, es la máxima expresión del amor hacia uno mismo. Al dejar ir el rencor, hacemos espacio en nuestro interior para la paz y la alegría, permitiendo que el ser en su máxima plenitud emerja. De la misma manera que enseñar liderazgo a los hijos requiere una visión profunda de los valores, perdonar implica reconocer nuestro propio valor y el de los demás, sin importar los errores del pasado. Al abrazar el perdón, abrimos las puertas hacia un futuro lleno de posibilidades infinitas, donde la libertad interior se convierte en el verdadero indicador de nuestra felicidad. Y así, el perdón nos invita a vivir con un corazón más ligero, en calma y en paz, con la oportunidad de comenzar cada día con gratitud y amor renovados, tal como lo hacemos en nuestro continuo aprendizaje como padres y seres humanos en busca de plenitud.

El sendero del perdón

En el sendero del perdón, hallo la luz, donde el rencor se disuelve, suave y sin cruz, cada herida se convierte en sabia lección, y en el silencio del alma, encuentro redención.

No hay cadena que aprisione al corazón, cuando el amor se eleva por encima del perdón, suave brisa que acaricia el alma en dolor, liberando el pasado, abrazando el resplandor.

Dejo ir las sombras que ayer me ataron, en cada respiro, mis miedos se quebraron, y en la paz profunda que ahora florece, mi espíritu renace, mi ser se fortalece.

El perdón no es olvido, es pura sanación, es el puente dorado hacia la liberación, donde el amor y la compasión se entrelazan, y en el eco del alma, las heridas abrazan.

Caminando con ligereza en este nuevo amanecer, libre del peso que solía tener, mi corazón danza al ritmo de la verdad, en el abrazo eterno de la serenidad.

La visión y la fe

La visión y la fe son los pilares esenciales que sustentan la travesía hacia lo desconocido, transformando el invisible impulso del espíritu en realidad tangible. La visión nos invita a mirar más allá de los límites del presente, proyectando en nuestra mente un horizonte lleno de posibilidades, un reflejo de lo que aún no existe pero que late con fuerza en el alma. Es el mapa interno que traza el camino, guiando nuestros pasos hacia un propósito mayor, una meta que, aunque distante, se siente tan real como el propio latido del corazón. Sin embargo, la visión sin fe es un faro sin luz; es la fe la que infunde en ella la energía necesaria para materializarse. La fe nos sostiene en los momentos de incertidumbre, recordándonos que el camino, aunque a veces oculto, siempre está allí, esperando ser recorrido. Es la certeza interna, inquebrantable, que nos anima a avanzar incluso cuando los ojos no pueden ver, confiando en que el universo conspira a nuestro favor. Cuando la visión y la fe se entrelazan, se produce una magia única: la creación consciente. En este espacio de unión, lo que una vez fue solo un pensamiento, un deseo profundo, comienza a tomar forma en el mundo material. La visión proporciona la dirección, y la fe, la fuerza para continuar, aún en medio de las tormentas. Esta combinación poderosa no solo nos impulsa a superar obstáculos, sino que también nos permite mantener la esperanza viva, incluso cuando el viaje se vuelve difícil.

Un propósito, un caminar

En la quietud del alma, nace la visión, un faro de luz en la inmensidad del ser, dibujando en el horizonte un sueño en expansión, donde el corazón anhela y el espíritu puede ver.

Con ojos internos, miramos más allá, donde lo tangible aún no se ha manifestado, y la fe, cual viento, nos impulsa a caminar, en un sendero aún no trazado.

La visión, con su brillo, guía el destino, es la estrella en la noche oscura, mientras la fe nos abraza, firme y divino, como la llama que en el pecho perdura.

En la danza sagrada de lo visto y lo creído, se entrelazan los hilos del futuro incierto, y cada paso, por pequeño que haya sido, es un acto de amor, un sueño abierto.

Con la fe como compás y la visión como sendero, navegamos mares de posibilidades infinitas, construyendo con cuidado nuestro sendero sincero, donde cada estrella es una promesa que se invita.

Una luz intensa

En el profundo silencio de nuestra existencia, donde las palabras se desvanecen y los ruidos del mundo se disuelven, encontramos un refugio sublime: la paz interior. Este estado de serenidad no surge de las circunstancias externas ni de la ausencia de problemas, sino de una conexión profunda con nuestro ser esencial, un lugar dentro de nosotros donde la calma y el amor eterno residen. En este espacio, la paz se revela como una luz inextinguible, que brilla con intensidad a pesar de las tormentas que puedan azotar nuestro entorno. La verdadera paz no está anclada en los confines de nuestro mundo físico ni en las estructuras temporales que nos rodean; es una cualidad que emana del reino eterno del amor, un amor que no conoce de limitaciones ni de condiciones. Es un estado de equilibrio que trasciende las turbulencias y que, cuando lo descubrimos, se convierte en un faro en medio del caos. El descubrimiento de esta paz interior transforma nuestra percepción de la vida. A medida que nos adentramos en la quietud de nuestra mente y permitimos que el ruido externo se disuelva, descubrimos que no hay perturbación que pueda alterar esta paz esencial. Es un estado de ser que nos libera de las ataduras del miedo y la ansiedad, permitiéndonos flotar con ligereza hacia una realidad donde la armonía es la norma y el amor, la guía. En este viaje hacia la paz interior, aprendemos que la verdadera libertad y el verdadero equilibrio no se encuentran en las circunstancias externas, sino en nuestra capacidad de sintonizarnos con el amor eterno que reside en nuestro corazón.

El brillo del alma

En el profundo silencio, la calma se revela, donde el alma encuentra su paz, tan sincera. Más allá de las tormentas que el mundo desata, la luz interior brilla, suave y grata.

No es del mundo terrenal esta serenidad, sino del reino eterno, pura verdad. Una paz que, inmutable, supera la tempestad, y en su abrazo, nos envuelve en su suavidad.

En la quietud del ser, el corazón se eleva, más allá de lo efímero, donde el amor se encuentra. Nada externo puede alterar esta calma tan real, pues es en nuestro interior donde reside lo inmortal.

El alma, en su vuelo libre, halla su hogar, en un cielo interno donde todo puede sanar. Esta paz, inquebrantable, nos invita a soñar, y en su luz eterna, encontramos nuestro lugar.

En la serenidad del ser, el amor se manifiesta, como un faro eterno en la vida que se expresa. Así, en cada momento, la paz nos guía y abraza, en el silencio profundo, nuestra esencia se enlaza.

Espíritu Santo

El Espíritu Santo es la voz suave que nos llama desde lo más profundo de nuestro ser, recordándonos que no estamos solos en este camino, sino que somos eternamente amados y guiados. Es el puente entre lo divino y lo humano, la luz que disipa las sombras de la ilusión y nos muestra la verdad. Su poder no es impositivo, sino liberador. En su presencia, el miedo se desvanece, porque su esencia es amor puro. Nos invita, en cada instante, a soltar el juicio, el dolor y la culpa, para reconocer la unidad que existe más allá de lo que nuestros ojos ven. Es la guía que nos lleva al perdón, no como un acto forzado, sino como un despertar natural al recordar quiénes somos realmente. Nos enseña a ver el mundo con ojos compasivos, mostrándonos que cada desafío es una oportunidad para elegir de nuevo, para volver al amor. El poder del Espíritu Santo no está en cambiar las circunstancias externas, sino en transformar nuestra percepción de ellas. Él no corrige el mundo que vemos, sino la mente que lo interpreta, llevándonos a una visión más elevada, más cercana a la verdad. Cuando nos rendimos a su guía, experimentamos una paz que sobrepasa todo entendimiento, una certeza interna que nos recuerda que todo está en perfecto orden, incluso cuando no lo comprendemos. Nos ayuda a soltar el apego a los resultados y a confiar en que el plan divino está siempre en acción, orquestando lo que es mejor para nuestra evolución y sanación. En este acto de entrega, el Espíritu Santo nos libera del sufrimiento autoinfligido, invitándonos a vivir en la luz, en la confianza plena de que somos guiados con amor y sabiduría infinita.

Espíritu santo

En el silencio de mi ser profundo, el Espíritu Santo susurra su verdad, con una voz que disuelve el mundo, y trae a mi alma la serenidad.

No es fuerza que impone su camino, ni cambia el viento o el lugar, es luz que ilumina mi destino, y me invita al amor recordar.

Cada sombra que en mí habita, la disuelve con su suave voz, mostrándome que nada limita, la paz que nace en ambos, tú y yo.

No pide que el mundo transforme, sino que mi mente aprenda a ver, que la ilusión que todo deforme se disuelve al dejarme ser.

En la entrega su poder resplandece, cuando suelto el temor y el control, y la certeza en mi ser permanece, guiada siempre por su amor.

Es en esta luz que todo es claro, que el perdón me libera del ayer, el Espíritu Santo, amor sincero, me recuerda quién soy, mi verdadero ser.

El poder de la intuición

La intuición es el susurro del Espíritu Santo, una voz suave y silenciosa que guía el corazón cuando la mente no sabe qué camino seguir. Es un lenguaje sin palabras, una conversación sagrada que tiene lugar en lo más profundo del ser, donde la razón no puede llegar, pero donde la verdad siempre habita. En esa conexión íntima, uno no está solo; es en ese espacio donde conversamos con Dios, no a través de palabras dichas, sino de la comprensión que brota del silencio. El Espíritu Santo actúa como un puente, llevando nuestros pensamientos más ocultos y deseos más sinceros al abrazo divino, ayudándonos a ver con los ojos del amor y a escuchar con los oídos del alma. En esos momentos, cuando la intuición toca nuestro ser, no es tanto una guía hacia lo que está por venir, sino una revelación de lo que ya es, de lo que siempre ha sido. Nos recuerda que la paz no es algo que buscamos afuera, sino un estado que emerge cuando dejamos de luchar, cuando soltamos el control y permitimos que la voz de Dios nos hable, a través de cada suspiro, a través de cada latido. Estas conversaciones sagradas no llegan en medio del ruido del mundo, sino en la quietud que encontramos cuando estamos dispuestos a escuchar más allá de lo evidente. El Espíritu Santo, como una chispa divina en nuestro interior, es la manifestación más pura del amor de Dios, una presencia constante que nos recuerda quiénes somos, más allá del ego, más allá del miedo. Nos invita a confiar, a descansar en la certeza de que no estamos solos en el viaje, que cada paso es guiado con un propósito superior, incluso cuando no lo comprendemos.

En silencio profundo

En lo profundo del alma, una voz susurra, no es ruido ni eco, es el Espíritu que murmura. Un suspiro divino que en silencio guía, donde el corazón escucha lo que la mente no diría.

La intuición florece, como luz en la calma, es la conversación sagrada que eleva el alma. No hay palabras dichas, solo paz infinita, en el lenguaje del amor, todo se clarifica.

El Espíritu Santo es la chispa divina, que nos habla en el viento, en la noche, en la brisa. Nos recuerda que en Dios siempre hemos estado, que el camino se revela cuando soltamos el pasado.

Dios no está lejos, está en cada latido, en cada respiro, en lo que nunca ha sido. Es en la quietud donde Su verdad aflora, y en el silencio, nuestra fe se restaura.

En la conversación del alma con lo divino, se desvanece el miedo y nace el destino. El Espíritu habla, nos muestra el sendero, en el lenguaje del cielo, todo es verdadero.

La Sanación del Alma

La sanación es el portal hacia nuestro máximo potencial, el sendero que nos permite liberar el peso del pasado para abrazar la grandeza que yace dentro de nosotros. Cuando sanamos, no solo soltamos el dolor, sino que deshacemos las cadenas invisibles que nos mantienen anclados a viejas heridas y creencias limitantes. En la sanación, el alma se libera del miedo y del rencor, permitiéndonos ver la vida desde una perspectiva renovada y expansiva. Al sanar, descubrimos que las cicatrices no son impedimentos, sino huellas del camino recorrido, recordatorios de nuestra capacidad infinita para transformarnos. Cada capa de dolor que se disuelve revela una mayor luz interior, una fuerza que siempre estuvo latente, esperando ser activada. Solo cuando nos enfrentamos con compasión y amor a las partes más oscuras de nosotros mismos, logramos integrar la totalidad de nuestro ser y dar espacio para que el verdadero poder emerja. La sanación nos reconecta con nuestra esencia divina, nos recuerda que somos seres completos y dignos de manifestar todo lo que el universo ha dispuesto para nosotros. Es en este proceso de reconciliación con nuestras sombras donde encontramos la claridad y el coraje para avanzar sin temor, desplegando nuestro potencial más elevado. Cada paso que damos en el camino de la sanación nos acerca a la verdad de quienes somos, a la expresión auténtica de nuestra alma, donde no hay límites, solo un campo infinito de posibilidades esperando ser manifestadas.

Sanando las Heridas

Sanar es renacer en la luz donde el alma, liberada, vuelve a ser, cada herida se convierte en virtud, y el pasado, en viento que deja de arder.

Las cadenas se disuelven en compasión, el dolor ya no es sombra, sino flor, cada cicatriz es pura transformación, un recordatorio del alma y su amor.

En el silencio profundo, encuentro mi paz, donde las sombras se abrazan y dejan de ser, la sanación me lleva a un nuevo compás, donde puedo, al fin, florecer.

El potencial despierta en mi ser, como la aurora que rompe la noche en su andar, y en cada paso hacia el infinito poder, mi verdad más profunda comienza a brillar.

Un Eco Profundo

Las heridas emocionales que nacen en la infancia dejan marcas invisibles pero profundas en el alma, moldeando silenciosamente el camino de la vida adulta. Lo que en su momento fue vulnerabilidad se convierte en un eco persistente que influye en nuestras relaciones, decisiones y percepciones de nosotros mismos. Cada rechazo, cada abandono o traición vivido en la niñez se arraiga en el corazón como un susurro constante de insuficiencia o temor, creando patrones de comportamiento que, aunque inconscientes, determinan nuestra manera de amar, de confiar, de crear vínculos. Estas heridas, a menudo no sanadas, nos conducen a vivir en la defensa, en la búsqueda constante de validación o en la evitación del dolor. Sin embargo, al mirar profundamente dentro de nosotros, al reconocer esas cicatrices con compasión, se nos presenta la oportunidad de transformar el sufrimiento en sabiduría. La verdadera sanación comienza cuando nos permitimos ver el origen de ese dolor, no con juicio, sino con amor, comprendiendo que esas heridas no nos definen, sino que nos invitan a un viaje de autodescubrimiento y crecimiento espiritual, donde el adulto puede finalmente abrazar al niño herido, liberándolo de su sufrimiento y permitiendo que el alma florezca en su plena autenticidad.

Música al final del eco

En el eco de mi infancia herida, se forjó el miedo en cada día, la sombra del dolor sin voz, moldeó al adulto que soy hoy.

Cicatrices invisibles en el alma, que buscan paz, que anhelan calma, en cada paso, en cada intento, recrean el vacío, el sufrimiento.

Pero en el fondo de mi ser profundo, hay un espacio libre y fecundo, donde el amor espera despertar, y al niño herido poder abrazar.

No soy mi herida, ni soy mi dolor, soy el camino hacia el amor, sanar es ver con ojos nuevos, y permitir que florezcan los sueños.

En cada cicatriz hay una lección, una puerta abierta hacia la redención, y al reconocer mi vulnerabilidad, abrazo mi alma en su totalidad.

Así, libero al niño que fui, y en el presente renazco en mí, el adulto crece, el alma florece, en la luz de la paz que todo mece.

La Llave Maestra

El perdón es una llave que abre la puerta a la paz interior, un acto que trasciende lo humano y se adentra en lo profundo del alma. Al perdonar, no solo liberamos a quien creemos que nos ha herido, sino que nos liberamos de las cadenas invisibles del resentimiento. Perdonar no es una concesión al otro, sino un regalo para nosotros mismos, permitiéndonos soltar el dolor que condiciona nuestros pensamientos y acciones. Aferrarnos al dolor nos mantiene prisioneros en un ciclo interminable de sufrimiento. El rencor y el juicio actúan como carceleros, perpetuando las historias del pasado. Sin embargo, al perdonar, rompemos ese ciclo, eligiendo ver más allá del dolor hacia la paz que siempre ha habitado en nuestro interior. Perdonar no significa olvidar ni justificar, sino reconocer que, a pesar del dolor, somos seres completos y nuestra paz no depende de las acciones de los demás. Es un acto de valentía, un reconocimiento de nuestra luz interior, esa chispa divina que no puede ser apagada. Al perdonar, elegimos el amor sobre el miedo, permitiendo que las heridas sanen, no porque las olvidemos, sino porque ya no nos definimos por ellas.

El perdón es un viaje hacia la libertad. Al soltar, dejamos de ser víctimas y recuperamos nuestro poder. Descubrimos que la paz interior no depende de las circunstancias externas, sino de nuestra capacidad para soltar el pasado y vivir en el presente. Perdonar es un acto de autoamor, un regreso a nuestro estado natural de amor puro, donde cada experiencia se convierte en una oportunidad para crecer. En este espacio, encontramos la verdadera libertad: la de vivir sin las ataduras del pasado y sin miedo al futuro, abrazando el presente con amor y compasión.

Erase una carga pesada

En el silencio profundo del alma, donde el rencor se desvanece en la calma, encuentro la llave que abre el perdón, y en su luz, libero mi corazón.

Ya no soy esclavo de historias pasadas, ni de las heridas, ni de las miradas. El dolor se disuelve, como un suspiro, en el amor que, en lo profundo, respiro.

Perdonar es soltar la carga invisible, es reconocer que el alma es invencible. No hay sombras que opaquen mi verdad, pues el amor me llena de claridad.

En el acto de soltar, me encuentro a mí, no soy lo que el miedo me hizo sentir. Soy luz, soy paz, soy unidad, más allá del juicio, en la eternidad.

Cada herida, una lección escondida, cada lágrima, una flor renacida. Y al perdonar, el alma se expande, en el amor, todo se transforma y grande.

No hay cadenas que puedan sujetar a quien elige, con amor, caminar. El perdón es mi senda hacia la libertad, donde el pasado ya no tiene autoridad.

Creencias, Raíces Profundas

En el inmenso teatro de la existencia humana, cada instante de nuestra percepción del mundo refleja un espejo de nuestras propias creencias y pensamientos. Lo que consideramos como real y verdadero está inextricablemente ligado a la manera en que interpretamos nuestra realidad. Las ilusiones que nos parecen tan concretas y reales, las divisiones, los conflictos y las separaciones que experimentamos, son en esencia proyecciones de nuestras propias mentes. Estas percepciones no son el resultado de una verdad universal, sino de los filtros mentales que aplicamos a nuestra experiencia cotidiana. Cuando nos embarcamos en un viaje profundo hacia el entendimiento de nuestra propia mente, comenzamos a desmantelar las estructuras de separación que hemos construido. Al cuestionar y desafiar la validez de nuestras percepciones limitadas, abrimos un espacio para la revelación de la verdad esencial de nuestra unidad y conexión intrínseca. Este proceso de introspección nos lleva a reconocer que los conflictos y las barreras que parecen separarnos de la paz y el amor son en realidad ilusiones que podemos trascender. La paz y la armonía, lejos de ser condiciones externas que debemos alcanzar o conquistar, son estados internos que emergen cuando alineamos nuestra mente con la verdad de nuestro ser. Al reconocer que nuestra realidad es una extensión de nuestra propia mente, encontramos la capacidad de liberarnos de las cadenas de los conflictos internos y externos, abrazando así la paz que siempre ha estado al alcance de nuestro corazón. En este despertar, entendemos que la verdadera transformación comienza dentro de nosotros, en el reconocimiento de que somos creadores de nuestra realidad y que, al sanar nuestras percepciones, sanamos el mundo que experimentamos.

Raíces Profundas

En el vasto escenario donde nos reflejamos, cada instante es un espejo de lo que forjamos, en cada visión, una verdad que abrazamos, y en cada ilusión, un mundo que soñamos.

Las barreras que vemos, las divisiones sentidas, son proyecciones de la mente que nunca se olvida, separaciones y conflictos, sombras no vividas, en nuestra percepción, la verdad queda escondida.

Al mirar en lo profundo, el velo se disuelve, las estructuras de separación en paz se disuelven, la verdad esencial de unidad se revela, y en la conexión intrínseca, nuestra alma se envela.

Más allá de la ilusión, la verdad se hace clara, en la serenidad de nuestro ser, el amor para siempre se prepara, al sanar nuestras percepciones, la paz se revela, y en la conexión profunda, encontramos la luz eterna.

En el despertar del corazón, la transformación empieza, el mundo externo se refleja en la calma que se expresa, somos creadores y al sanar, nuestra esencia se afianza, el amor y la paz son la verdad que siempre alcanza.

El Reflejo del Espejo

En el tejido profundo de nuestra existencia se revela una verdad esencial: el mundo que percibimos es un reflejo de nuestro estado interior. Cada paisaje, rostro y experiencia es un eco de las creencias y emociones que habitan en nuestro corazón. Si miramos el mundo con ojos llenos de dolor, lo percibimos lleno de conflicto y separación. Sin embargo, cuando transformamos nuestro interior, sanando las heridas y purificando nuestros pensamientos, el mundo exterior comienza a revelarse bajo una nueva luz. Esta transformación no es superficial, sino una metamorfosis que nace en el núcleo de nuestro ser. La paz y el amor que anhelamos no se encuentran afuera, sino que emergen de lo más profundo de nuestro espíritu. Al limpiar la ventana de nuestra mente, el mundo se ilumina, ya que lo que vemos fuera es moldeado por lo que llevamos dentro. Cada cambio interno es una oportunidad para redescubrir un universo lleno de compasión y armonía, donde el amor se manifiesta en cada rincón de nuestra realidad. La verdadera transformación ocurre cuando entendemos que al sanar nuestro corazón y reestructurar nuestras percepciones, creamos un mundo que refleja la paz y el amor que hemos cultivado. Este entendimiento nos invita a asumir la responsabilidad de nuestro mundo interno, reconociendo que cada pensamiento y emoción impacta la realidad que experimentamos. En el silencio de la meditación y la introspección sincera, empezamos a identificar los patrones que perpetúan el dolor y el conflicto. Al tomar conciencia de estos reflejos internos, desmantelamos las ilusiones que distorsionan nuestra percepción. El proceso de sanación interna no solo transforma nuestra experiencia individual, sino que también redefine cómo interactuamos con el mundo. A medida que soltamos las cargas del pasado y abrazamos el perdón y la aceptación, el mundo exterior responde a nuestro nuevo estado de ser. La serenidad que cultivamos en nuestro corazón se manifiesta en la paz de nuestras relaciones y en la armonía de nuestro entorno.

Reflejo de Luz

En el espejo del alma, reflejos de luz, donde el mundo externo se torna en virtud. Cada emoción, un eco, cada pensamiento, un faro, guía la realidad que el corazón ampara.

En el silencio interior, el caos se aclara, la mente se sana, el corazón se prepara. Los patrones del pasado, como sombras se disuelven, y en la paz del presente, nuevas verdades emergen.

La visión se transforma, el amor se revela, en el mundo exterior, la serenidad se establece. Cada acto de perdón, cada instante de calma, moldea un universo de armonía en el alma.

Cuando soltamos las cargas, y dejamos ir el dolor, el reflejo del corazón brilla con nuevo color. Así, la realidad externa, en paz se manifiesta, como un espejo de la paz que en nuestro ser se manifiesta.

En este viaje interno, donde la mente se aclara, el mundo se transforma, y la luz nos abraza. La esencia verdadera, en la calma se despliega, y en el reflejo del amor, la vida se rinde y alegra.

La Manifestación de Dios

En el vasto tejido de nuestra existencia, los milagros se despliegan como cambios sutiles pero profundos en nuestra percepción. No se trata de eventos extraordinarios o de intervenciones sobrenaturales, sino de transformaciones silenciosas en cómo interpretamos la realidad que nos rodea. Cuando decidimos mirar a través de los ojos del amor en lugar del miedo, y cuando el perdón sustituye a la separación, nos abrimos a un mundo nuevo y asombroso. En este cambio de perspectiva, encontramos que los problemas que antes parecían insuperables se desvanecen, y lo que una vez fue fuente de conflicto se convierte en un espacio de comprensión y paz. Es en esta recalibración de nuestra visión donde los verdaderos milagros tienen lugar, revelando que la realidad que experimentamos es tan fluida y moldeable como nuestro estado interior lo permita. Al abrirnos a esta verdad, descubrimos un horizonte más amplio y luminoso, donde la bondad y la conexión son las notas predominantes de nuestra existencia. Así, los milagros se convierten en la manifestación natural de un corazón dispuesto a cambiar, un corazón que elige ver y vivir desde una nueva y liberadora percepción.

Milagros

En el lienzo de nuestra existencia, la magia se despliega, no en actos sobrehumanos, sino en la visión que se entrega. Un milagro es cambio sutil en la forma de mirar, un giro de percepción, donde el amor comienza a reinar.

Cuando el miedo se disuelve y el perdón toma su lugar, la realidad se transforma, y empieza a brillar. Las sombras del conflicto se desvanecen en paz, y la separación se disuelve, dando paso a la unidad que se da.

Así, lo que antes era desdén, se convierte en entendimiento, y los problemas se disuelven en la luz del nuevo sentimiento. Es en el cambio de nuestra visión donde los milagros surgen, y el corazón que elige ver con amor, a un mundo nuevo converge.

El horizonte se expande, lleno de promesas y claridad, donde la conexión y la bondad son la verdadera realidad. Así, los milagros florecen, como una verdad revelada, en el alma abierta al amor, en la mirada transformada.

La Ley de la Potencialidad Pura

La Ley de la Potencialidad Pura nos recuerda que, en esencia, somos manifestaciones del campo infinito de conciencia. La realidad que experimentamos es una proyección de nuestra mente, pero más allá de esta ilusión dualista, existe un estado de Ser absoluto. En este estado, el ego y las limitaciones no tienen cabida; solo hay pura potencialidad. La verdadera libertad surge cuando soltamos la identificación con el "yo" separado y nos sumergimos en la vastedad de la conciencia misma, donde no hay lucha, no hay deseo, sino una paz inquebrantable y una certeza total de que todo lo que necesitamos ya existe en potencia dentro de nosotros. Al recordar quiénes somos realmente, dejamos de buscar fuera lo que siempre ha estado dentro. En la quietud de la mente, donde el ego se disuelve, encontramos la fuente inmutable de todo poder y creatividad. Aquí, las decisiones no se toman con base en el miedo o el control, sino desde la profunda intuición de que el universo es perfectamente coherente, que todo es interconectado y que las posibilidades son infinitas. Vivir desde la potencialidad pura significa liberarse de las expectativas externas, del deseo de obtener y del miedo a perder, y simplemente ser. En este estado, nos convertimos en vehículos de la conciencia misma, a través de los cuales el amor, la compasión y la creatividad fluyen sin esfuerzo. No hay necesidad de forzar o manipular la realidad, porque comprendemos que, en cada instante, la totalidad del universo ya se despliega en perfecta armonía. Al conectarnos con esta verdad, trascendemos la ilusión del tiempo y del espacio, y experimentamos el milagro de la vida como un reflejo de la plenitud que siempre ha sido nuestro estado natural.

Poder Natural

En la quietud del ser profundo, donde el tiempo se disuelve en paz, el ego cae, el ruido es humo, y todo es uno en su compás.

No hay búsqueda, ni hay deseos, la mente en calma al fin se aquieta, el alma sabe que lo eterno ya vive en ella, siempre quieta.

En cada respiro fluye el todo, no hay miedo, no hay separación, somos la fuente, el mismo modo, del amor y la creación.

Potencial puro, ser sin nombre, más allá de lo que percibí, en la vastedad que nunca esconde la luz que siempre estuvo aquí.

Sin esfuerzo, el universo danza, todo en perfecto fluir está, y en la entrega nace la confianza, de que el amor lo guiará.

La Ley del Dar

En el vasto y silencioso campo de la conciencia, toda energía fluye en ciclos eternos. La Ley de Dar, en su esencia más pura, no es solo un acto de generosidad material, sino la manifestación del movimiento energético universal. En el nivel más profundo de la verdad, no hay separación entre dar y recibir, pues ambos son expresiones del mismo campo unificado. Al dar, entregamos lo que ya es nuestro en el nivel de la conciencia, y en ese acto, nos abrimos a recibir lo que ya está presente, aunque aún no lo hayamos percibido. Es una paradoja divina: al soltar, permitimos que algo más llegue a nuestras vidas. Dar no implica sacrificio ni pérdida; es una confirmación de nuestra propia plenitud. Solo desde la creencia en la carencia podríamos pensar que algo se pierde al dar. En la verdad más elevada, no existe la pérdida, porque el verdadero dador comprende que la fuente de lo que entrega es ilimitada. Cada pensamiento amoroso, cada palabra amable y cada gesto generoso no solo transforman la realidad externa, sino que también modifican nuestra experiencia interna. Al dar, no solo tocamos la vida de otro, sino que también nos elevamos a nosotros mismos, porque estamos confirmando la verdad de nuestra interconexión: todos somos expresiones del mismo campo de conciencia. En esta interrelación, el acto de dar y recibir no es lineal, sino circular, un flujo continuo que refleja que somos tanto el océano como la gota. La entrega de amor y compasión es un reconocimiento de que no hay escasez, porque en los niveles más profundos del ser, lo que damos se multiplica, reflejando la infinita abundancia de la conciencia. El universo responde a cada acto de dar no porque espera algo a cambio, sino porque el dar en sí mismo es la acción natural de la conciencia despierta. Al soltar, dejamos ir las ilusiones de separación, y el ego, con sus necesidades y deseos, comienza a disolverse, permitiendo que surja la paz inherente a nuestra verdadera naturaleza.

Dar

En el silencio profundo del ser, donde todo es uno, y nada es perder, la Ley de Dar en su danza infinita, nos muestra el amor, que todo lo habita.

Al entregar, no hay nada que falte, pues el corazón fluye, sin miedo al desgaste. En cada gesto, en cada compasión, se revela el alma en plena expansión.

Dar no es perder, ni soltar lo ganado, es el flujo divino, el río sagrado. El universo responde, en su eterna verdad, cuando el dar es puro, no hay más que unidad.

Todo lo entregado regresa sin prisa, multiplicado en luz, en amor que desliza. Somos el mar, y también la gota, en el dar se expande la vida remota.

Nada es carencia, todo es plenitud, dar es recordar nuestra eterna virtud. Así, en cada acto, el ego se disuelve, y la paz interna, en el alma, vuelve.

En el círculo eterno del dar y recibir, nace la abundancia, al dejar fluir. Es la esencia divina, la luz, la canción, que se expande en el Todo, en la gran creación.

La Ley del Karma

En la vastedad de la existencia, cada pensamiento, palabra y acción resuena en el campo infinito de la conciencia, formando ondas que inevitablemente regresan a nosotros. La Ley del Karma, o de Causa y Efecto, no es un mecanismo de juicio o castigo, sino una manifestación perfecta del orden cósmico. Todo lo que proyectamos hacia el mundo exterior, desde las profundidades de nuestra mente y corazón, regresa a nosotros con la misma energía con la que fue emitido. Si comprendemos esta ley en su totalidad, nos damos cuenta de que no estamos a merced del destino, sino que somos los arquitectos conscientes de nuestra realidad. Al entender el principio del karma, reconocemos que cada decisión que tomamos está sembrando una semilla en el terreno fértil del universo. Estas semillas florecen según la intención y la energía con la que fueron plantadas. Si nuestras acciones nacen del miedo, el resentimiento o la separación, entonces las experiencias que cosecharemos reflejarán esas emociones. Pero si, en cambio, actuamos desde el amor, la compasión y la unidad, lo que recibiremos en retorno será paz, abundancia y armonía. La Ley del Karma nos enseña que no estamos separados de la creación, sino que cada acto, por insignificante que parezca, contribuye al gran tapiz de la existencia. La verdadera sabiduría radica en elegir conscientemente nuestras acciones, sabiendo que cada una de ellas lleva consigo la posibilidad de transformar nuestra vida. Vivir en alineación con esta ley significa asumir una responsabilidad profunda por nuestro ser y nuestro entorno. El karma no es una sentencia, sino una invitación a despertar, a tomar consciencia de nuestra naturaleza co-creadora y a vivir en sintonía con el flujo divino del universo.

Karma

Cada acción es una semilla, que en silencio al viento va, regresa siempre en su medida, como eco en la eternidad.

No hay destino sin conciencia, ni azar que al alma toque, pues todo es pura consecuencia de aquello que el corazón invoque.

Si desde el miedo yo siembro dolor, el fruto amargo cosecharé, mas si actúo desde el amor, en la luz me encontraré.

El karma es ley, no juicio o castigo, es el reflejo del ser profundo, y en cada paso yo sigo, el rastro que dejo en este mundo.

Cada acto es un lazo sagrado, que al universo conecta, y en el flujo del ser revelado, mi elección lo todo afecta.

Elijo ahora con conciencia plena, siembro amor en cada acción, pues sé que en la calma serena, allí florece mi redención.

El Poder Natural

En la esencia del universo, todo fluye naturalmente, sin esfuerzo. Las estrellas brillan, los ríos corren y los árboles crecen en silencio, siendo simplemente lo que son. La Ley del Mínimo Esfuerzo nos invita a aceptar esta verdad y reconocer que la verdadera fuerza no reside en el esfuerzo o la lucha, sino en aceptar lo que es. Cuando dejamos de controlar y forzar las circunstancias, permitimos que la vida fluya a través de nosotros. Este acto de rendición no es debilidad, sino sabiduría, pues el universo siempre conspira a favor de la armonía. El camino del menor esfuerzo no es inacción, sino acción consciente. Aceptar las circunstancias, por difíciles que sean, nos permite encontrar paz. La aceptación nos libera de la resistencia, permitiéndonos avanzar como el agua, que rodea las rocas y sigue su curso sin perder su esencia. La responsabilidad es clave: asumirla no significa cargar con el mundo, sino reconocer que nuestras respuestas a las experiencias definen nuestra libertad. El desapego completa este enfoque. No es resignarse, sino confiar en que los resultados perfectos llegarán sin necesidad de control o ansiedad. El desapego no es indiferencia; implica actuar con intención, pero sin apego al éxito o temor al fracaso. Actuamos con el corazón abierto, confiando en que el universo ya ha dispuesto todo para que las cosas fluyan en la dirección correcta. Al practicar el mínimo esfuerzo, descubrimos que la verdadera fuerza está en la fluidez, en confiar en las leyes universales que nos sostienen y guían.

En este estado de fluidez, nos damos cuenta de que la vida no se trata de forzar resultados, sino de caminar con confianza, sabiendo que cada paso nos lleva hacia nuestro propósito. La lucha y la resistencia solo crean tensiones innecesarias; en cambio, cuando nos rendimos al flujo natural de las cosas, abrimos espacio para que la creatividad y las soluciones surjan sin esfuerzo.

Poder Ilimitado

En el ser del universo, fluye sin cesar, como el río que avanza sin nunca luchar, la Ley del Mínimo Esfuerzo revela su verdad, que en la rendición hallamos la serenidad.

Las estrellas brillan sin esfuerzo en el cielo, y el árbol crece, sin apuro, en su anhelo, la vida se despliega en su danza de paz, cuando dejamos ir la lucha, el esfuerzo se deshace.

Acepta el presente, su curso, su forma, como el agua que rodea sin romper ni alarma, en la aceptación hallamos la calma, la paz fluye cuando abrazamos lo que el alma demanda.

Desapegado del fruto, de la meta al final, actuamos con intención, sin juicio, sin mal, como el viento que se mueve sin aferrarse al suelo, en el desapego encontramos nuestro anhelo.

La fuerza reside en la fluidez del ser, en la confianza de que todo llegará sin temer, cuando seguimos el curso sin resistencia, la vida nos ofrece su más pura esencia.

El poder de la Intensión

La Ley de la Intención y el Deseo nos revela una verdad fundamental sobre la naturaleza de nuestra existencia y el poder que reside en nuestro interior. En el vasto y sublime universo de nuestra conciencia, cada intención y deseo nace como una chispa divina, un reflejo de la esencia pura que somos. Cuando comprendemos que cada pensamiento y anhelo está impregnado de la energía creativa del cosmos, nos damos cuenta de que tenemos la capacidad de moldear nuestra realidad desde la profundidad de nuestro ser. Imaginemos nuestras intenciones como semillas plantadas en el terreno fértil de la conciencia universal. Cada deseo que brota desde nuestro corazón es una vibración sagrada que se une al flujo eterno del universo. Al permitir que nuestras intenciones se alineen con la verdad de lo que somos, nos convertimos en cocreadores conscientes de nuestra vida. La verdadera magia no está en forzar el resultado, sino en confiar en que el universo responde a la pureza y claridad de nuestras aspiraciones más profundas. En el momento en que alineamos nuestras intenciones con la vibración de amor y autenticidad, activamos una fuerza poderosa que comienza a manifestar nuestro destino. La clave está en la aceptación de que todo lo que deseamos ya existe en el ámbito de lo potencial, esperando ser traído a la realidad por nuestra intención consciente. Cuando nos liberamos de las limitaciones del esfuerzo y del control, y nos abrimos a la fluidez del proceso, permitimos que el universo conspira a nuestro favor, facilitando la manifestación de nuestros deseos con gracia y facilidad. Al sostener una visión clara y mantener una fe inquebrantable en el proceso, nos convertimos en vehículos para que el amor y la abundancia fluyan a través de nosotros. En cada momento, tenemos la oportunidad de elegir la paz y la armonía, sabiendo que nuestras intenciones, cuando están en sincronía con el amor, tienen el poder de transformar nuestra realidad.

Sincronía Perfecta

En el jardín secreto de la conciencia pura, donde cada anhelo nace, sereno y claro, la intención florece en su esencia segura, en el vasto cosmos, su eco es raro.

Cada deseo, una chispa divina, siembra de amor en la tierra infinita, la vibración del alma se alinea, con el flujo eterno, la vida invita.

Semillas de sueños en el suelo del ser, cultivadas con fe, bajo el cielo sin fin, el universo conspira al entender, que lo que buscamos ya reside en ti.

Al soltar el esfuerzo y dejar de controlar, nos abrimos al flujo, a la danza sutil, la realidad responde al amar y al esperar, las puertas se abren en un abrazo gentil.

El amor es el hilo que teje el destino, y la intención pura, la llave en tus manos, cada deseo sincero y genuino, conduce la luz hacia caminos diáfanos.

Así, al conectar con la esencia profunda, cada visión clara y fe inquebrantable, se convierte en realidad, al alma inunda, con el poder de la intención, infinitamente admirable.

La Ley del Desapego

En el inmenso campo de la existencia, donde el universo fluye con una perfección inmutable, la Ley del Desapego se revela como una de las verdades más profundas y liberadoras que podemos abrazar. En nuestro afán por alcanzar metas y manifestar deseos, frecuentemente caemos en la trampa de aferrarnos rígidamente a cómo y cuándo deben cumplirse nuestras aspiraciones. Este apego, aunque bien intencionado, nos encierra en una prisión de expectativas que limita la infinitud de las posibilidades. Desapegarse no implica renunciar a nuestros sueños ni a nuestros deseos más sinceros; más bien, es un acto de liberación del control obsesivo sobre el resultado específico. Es entender que la energía universal, en su sabiduría infinita, conoce el mejor camino para materializar nuestras intenciones, un camino que a menudo excede nuestras limitadas expectativas y planeamientos. Al desapegarnos, permitimos que el flujo del cosmos se manifieste a través de nosotros de manera más libre y auténtica. Este acto de liberación es una declaración de confianza en la inteligencia del universo y en nuestra conexión intrínseca con él. Nos invita a soltar el temor y la ansiedad que surgen de las expectativas no cumplidas y a encontrar paz en el presente, en la confianza de que lo que debe ser se desplegará en el momento perfecto. El desapego, entonces, no es un abandono de la pasión, sino una entrega a la sabiduría más grande que guía el proceso de la vida. Al abrazar esta ley, nos alineamos con la corriente eterna de la creación, donde nuestras aspiraciones se entrelazan con el tejido del cosmos, manifestándose con una precisión y belleza que trasciende nuestra comprensión. Así, encontramos que la verdadera realización no reside en los resultados específicos, sino en la armonía con el flujo universal, donde la vida se despliega en su máxima expresión de amor y perfección.

Renuncias

En el vasto lienzo del ser, donde el cosmos danza libre, la Ley del Desapego nos llama a soltar, no la esencia de nuestro sueño ni su fervor sublime, sino el control rígido de cómo ha de llegar.

En la inmensidad del tiempo, donde todo fluye sin prisa, el apego a un resultado es una trampa de ansiedad, mientras el universo despliega su sinfín de sorpresas, nos invita a confiar en su sabia realidad.

Desapegarse es rendirse a la grandeza del plan divino, dejar que el deseo se funda en la brisa del hoy, no es renunciar al sueño, sino abrazar el destino, donde la perfección universal se despliega sin voz.

Es soltar el miedo a que el futuro no llegue, y hallar en el presente la paz y la verdad, donde el amor y la confianza, como ríos, se despliegan, y nuestros sueños, en el flujo, encuentran su hogar.

En la danza eterna, sin prisa ni medida, dejamos ir el control, abrazamos la creación, y descubrimos que la vida, en su profunda guía, es un regalo de amor en constante expansión.

EGO

El ego, esa voz persistente que nos hace creer que somos lo que poseemos, lo que logramos o lo que tememos perder, es una ilusión que nos desvía de nuestra verdadera esencia. Es una construcción mental, un reflejo de nuestra separación interior que limita nuestra percepción del amor y de la unidad. Sin embargo, al observarlo con quietud, comenzamos a reconocer su naturaleza engañosa. Nos damos cuenta de que aquello que el ego defiende con tanto ahínco —el miedo, la competencia, el deseo de control— es solo una barrera que nos aparta de la paz y la libertad que ya existen en nuestro interior. Al ver esta ilusión con claridad, no desde el juicio, sino desde la conciencia amorosa, empezamos a disolver sus sombras. En cada momento en que soltamos la identificación con el ego, un espacio más amplio y luminoso se abre dentro de nosotros. Un espacio donde ya no necesitamos ser algo o alguien en particular, donde simplemente somos. Desde este reconocimiento profundo, el ego pierde su poder, y en su lugar, surge la serenidad de quien se ha reencontrado con su naturaleza eterna, una naturaleza que no necesita validación ni aprobación, porque ya está completa en sí misma. Al disolver la ilusión del ego, nos alineamos con la verdad universal y descubrimos que lo que siempre habíamos buscado ya estaba presente, esperando a ser visto desde el corazón, no desde la mente.

Disolviendo el Ego

En el silencio profundo, el ego se desvanece, como una sombra que al sol desaparece. Aquello que creí ser, tan frágil y pequeño, se disuelve en la luz, en el vasto sueño.

No soy la voz que grita en mi interior, ni la lucha constante por ser el mejor. Soy más que las formas, más que el temor, una chispa divina, el puro amor.

El ego construye muros, ilusiones sin fin, pero en mi corazón siempre estuve en el jardín. Allí donde el ser florece sin razón, más allá del tiempo, más allá de la emoción.

Soltar es recordar lo que siempre fui, una esencia libre, sin principio ni fin. En la quietud del alma, encuentro el camino, donde todo es uno, y yo soy divino.

Cada paso que doy, cada velo que cae, es un regreso a casa, donde nada me ata. Ya no necesito ser lo que el mundo espera, soy la paz inmortal, la luz verdadera.

Humildad

La verdadera grandeza no se encuentra en elevarse por encima de los demás, sino en reconocer la unidad que nos conecta con todo lo que existe. En la práctica de la humildad, comenzamos a ver que el ego, en su constante búsqueda de orgullo y superioridad, es solo una ilusión que nos mantiene separados de nuestra esencia divina. Cuando soltamos la necesidad de ser especiales o de demostrar que somos mejores, el corazón se abre a una verdad más profunda: en lo esencial, todos somos iguales, ya completos y perfectos tal como somos. La humildad nos permite comprender que no hay nada que probar, porque en nuestra verdadera naturaleza ya estamos completos. Al abandonar las máscaras del ego, descubrimos un vasto espacio de amor, aceptación y compasión, tanto hacia nosotros mismos como hacia los demás. En este estado de humildad, dejamos de luchar contra la vida y contra las personas que nos rodean. Ya no buscamos reconocimiento externo para validar nuestra existencia, porque la paz interna se convierte en nuestro guía. Nos damos cuenta de que todo lo que necesitamos ya está dentro de nosotros, y que la verdadera grandeza radica en ser quienes realmente somos, sin adornos ni pretensiones. La humildad es una puerta que nos lleva a la libertad, al permitirnos liberar el peso de la comparación y la competencia, dejándonos ser parte del flujo natural del universo. En este espacio de autenticidad, nos alineamos con la totalidad de la vida, reconociendo que somos una expresión del amor infinito y que, al serlo, no necesitamos nada más. Al disolver el ego a través de la humildad, descubrimos que el camino hacia la verdad está siempre abierto, y en ese caminar, hallamos la paz que el ego nunca pudo ofrecernos.

Des Aprender

En la quietud del alma, el ego se disuelve, como niebla al sol, su ilusión se envuelve. El orgullo, altivo, se desvanece en el viento, y la humildad florece en cada pensamiento.

No hay lucha ni prisa por ser más que el otro, en la verdad profunda, soy uno con el todo. El ser no necesita títulos ni grandezas, pues en su esencia vive la paz y la certeza.

El corazón se abre, sin temor ni apariencia, dejando que el amor sea la única presencia. No busco el aplauso, ni la aprobación, en la humildad encuentro mi liberación.

La vida fluye libre, sin cadenas ni heridas, en el simple ser, hallo la luz escondida. Así, en silencio, el alma respira, y el ego, en su sombra, se retira.

Soy parte del todo, en perfecta armonía, donde la humildad me lleva a la alegría. Sin pretender más, soy en el ahora, y en ese ser pleno, mi ser se atesora.

Entrega Profunda

Entregarse al momento presente es un acto de profunda confianza, una liberación del ego que constantemente busca controlar, planear y protegerse. Al abrazar el presente tal como es, sin juicios ni expectativas, comenzamos a ver el milagro en cada momento. El ego se alimenta del miedo al futuro y de los arrepentimientos del pasado, pero en el presente, el miedo se disuelve. Solo aquí, en el ahora, encontramos la verdadera libertad, donde no hay cargas que llevar ni ansiedades que anticipar. La paz no es algo que buscamos o alcanzamos; es algo que permitimos al soltar el control. El presente, en su pureza y simplicidad, es el refugio donde el alma descansa, donde la verdad se revela sin esfuerzo. Al rendirnos al ahora, aceptamos la vida tal como es, sin resistencia, con la humildad de reconocer que lo que ocurre tiene un propósito mayor que nuestra comprensión limitada. En ese acto de entrega, permitimos que la gracia fluya a través de nosotros, conectándonos con la fuente divina. El ego lucha por mantener su dominio, queriendo prever el futuro o recrear el pasado, pero en el presente, su poder desaparece. Aquí es donde experimentamos la verdadera paz, la que no depende de las circunstancias externas ni de las ilusiones que el ego construye. En el momento presente, nos alineamos con la esencia eterna de nuestro ser, donde el amor y la paz fluyen de manera natural, sin esfuerzo. Aquí, en este estado de entrega, descubrimos que todo está en perfecto orden.

Fluir

En el silencio del ahora me entrego, donde el tiempo no corre, ni el miedo persiste, es aquí, en el presente, donde el alma navego, y la paz, en su gracia, serena y existe.

El pasado se disuelve, no tiene más voz, el futuro no llama, su eco se apaga, solo el ahora me envuelve en su suave hoz, y en su abrazo divino, todo el ser se embriaga.

No hay control que el ego pueda demandar, ni ansiedad que en el pecho pueda aferrarse, pues en la rendición aprendo a amar, lo que es, sin lucha, sin miedo a quebrarse.

Aquí, en este instante, descubro mi ser, más allá de las sombras que el ego tejió, en la quietud del presente comienzo a ver, que la vida en su esencia, siempre me guió.

El ahora es mi templo, mi refugio, mi fe, en su calma infinita, todo cobra sentido, y la paz, que en mi corazón encontré, es la verdad eterna, el amor compartido.

Son solo experiencias

Aceptar la impermanencia es reconocer la naturaleza fluida y constante del universo, donde nada permanece igual, y todo está en movimiento. El ego, en su deseo de control, busca fijarse en lo permanente, aferrándose a las personas, las situaciones, y las identidades, temiendo el cambio como si fuera una amenaza a su existencia. Sin embargo, al aceptar que todo lo que nos rodea es temporal, comenzamos a ver la belleza en la transitoriedad de la vida. Cada momento, cada experiencia, y cada emoción se convierte en un maestro, recordándonos que lo que realmente somos no puede cambiar, porque está más allá de lo efímero. El Ser verdadero es eterno, inmutable, mientras que lo que el ego persigue es solo un reflejo pasajero. Al liberarnos del apego y abrazar la impermanencia, aprendemos a vivir en el flujo natural de la vida, con una serenidad profunda que brota de la aceptación. Es en este estado de rendición donde encontramos la verdadera paz, comprendiendo que el cambio no es una pérdida, sino una oportunidad para redescubrirnos a cada instante, más cercanos a la esencia que nos une con todo lo que es.

Viviendo

En el río eterno de la vida, fluye la esencia que nos guía, donde nada es fijo ni detiene, todo cambia, todo se aleja. El ego teme al cambio, busca la eternidad en lo que no permanece, pero la verdad del Ser se halla en la danza constante que a todo desvanece.

Aceptamos la impermanencia, como el viento que se lleva la arena, donde cada ola en su cresta revela la belleza en la efímera escena. Dejamos ir los lazos que al pasado nos atan, y los sueños que al futuro atan, encontramos la paz en el presente, donde el Ser eterno se manifiesta.

Cada instante es un maestro que nos recuerda la verdad esencial, que en lo transitorio, lo eterno se encuentra, en el flujo universal. No es en la permanencia donde hallamos nuestra verdadera esencia, sino en el aceptar la transitoriedad, en la rendición sin resistencia.

Así, en la quietud de la aceptación, dejamos el apego atrás, y en la aceptación de lo temporal, el Ser verdadero se nos revela, en paz. Nos unimos con la vida en su danza constante, sin miedo a lo que se va, pues en cada cambio, en cada momento, el amor eterno siempre estará.

Rompiendo las cadenas

En el vasto campo de la conciencia, el juicio se erige como una sombra que oscurece la luz del Ser. El ego, en su afán de separación, se aferra a la crítica y al juicio, dividiendo y delimitando el flujo amoroso de nuestra existencia. Sin embargo, cuando dejamos ir el juicio, liberamos nuestra mente de las cadenas del autocastigo y de las comparaciones con los demás. En lugar de ver a través de lentes distorsionados, comenzamos a percibir la realidad con la claridad de la aceptación y el amor incondicional. Al practicar el no juicio, nos alineamos con una vibración más alta, aquella que acoge a cada ser y situación sin reservas ni condiciones. Esta liberación nos abre a un espacio donde la paz interior y la armonía florecen, permitiendo que el amor auténtico y universal fluya sin obstáculos. En la rendición al amor y la aceptación, descubrimos una conexión más profunda con la esencia de todos, trascendiendo las divisiones del ego y abrazando la unidad que subyace en la diversidad. Aquí, en el silencio del no juicio, encontramos la verdadera libertad y la plenitud del Ser.

Rompiendo las cadenas

En el silencio de la mente, se disuelve el velo del juicio, donde el ego construye muros, separando, distorsionando, la luz del Ser brilla clara, sin sombra de reproche, cuando el juicio se desvanece, el amor florece eterno.

Dejamos ir la crítica, las cadenas del autocastigo, y en la aceptación, encontramos la paz verdadera, cada ser, cada momento, acoge sin barreras, el amor incondicional surge, liberando el alma.

La realidad se revela, sin distorsiones ni miedos, en el abrazo de la unidad, en la pureza de la vista, sin juicios que separen, ni comparaciones que dividan, la conexión profunda con todo, en la serenidad existe.

Así en el flujo del amor, la mente encuentra su paz, transcendiendo las sombras, en el brillo de la verdad, la libertad del Ser resplandece, en el no juicio, y en la unidad sin reservas, hallamos nuestra eternidad.

Liberando la carga

El perdón radical emerge como una fuerza transformadora que disuelve las cadenas invisibles del ego, que se aferra a las heridas y resentimientos del pasado. En la vastedad de nuestra existencia, el perdón se convierte en un acto sagrado, un regalo que otorgamos tanto a nosotros mismos como a los demás. Al liberarnos de las garras del resentimiento, dejamos de ser prisioneros de las viejas historias que nos definen, y comenzamos a experimentar una profunda sanación interna. El perdón no es simplemente un acto de clemencia, sino una profunda reconciliación con la verdad de nuestro Ser. Al ofrecer este perdón genuino, no solo liberamos a los demás de las deudas imaginarias que les atribuimos, sino que también nos liberamos a nosotros mismos de la pesada carga del rencor. Es en esta liberación que descubrimos la paz duradera y el amor incondicional, hallando en el acto de perdonar la clave para transformar nuestro mundo interno y, por ende, nuestro mundo externo. Así, el perdón radical nos invita a soltar el pasado, abrazar el presente y abrirnos a una nueva realidad donde la verdadera libertad y la auténtica paz pueden florecer.

Liberando la carga

En el jardín de la esencia, donde la luz se encuentra, se alza el perdón radical, en la brisa que canta. Es el bálsamo sagrado que al alma purifica, un acto de amor profundo que la paz magnifica.

En el abismo del resentimiento, el ego se agarra, pero el perdón es la llave que toda carga desarraiga. Deja atrás las viejas heridas, los ecos del ayer, y en el presente se renueva, en el amor que puede ver.

No es una mera clemencia, sino una verdad liberadora, un abrazo sincero que el corazón transforma. Al perdonar liberamos las cadenas del dolor, y hallamos en el perdón la paz, el amor.

Con cada acto de perdón, la esencia se reinventa, un resplandor de serenidad que en el alma se asienta. Así el perdón se convierte en la luz que nos guía, y en el acto de soltar, la verdadera libertad se anuncia.

Sin identidad

En la inmensidad de la existencia, donde el ser se revela más allá de las apariencias, el desapego de la identidad personal se convierte en un sendero hacia la auténtica esencia. El ego, en su intento de encontrar valor y seguridad, se adhiere a roles, títulos y logros externos, creando una ilusión de identidad que limita nuestra percepción. Sin embargo, cuando liberamos nuestra identificación con estos adornos efímeros, comenzamos a descubrir la vastedad de nuestra verdadera naturaleza, un ser que no se define por las circunstancias externas. Al soltar el peso de estas identidades construidas, nos adentramos en el reino de la libertad interior, donde la esencia pura y eterna se manifiesta con claridad. Este desapego no significa renunciar a lo que somos, sino reconocer que nuestra verdadera esencia trasciende todas las formas y logros temporales. En esta liberación, encontramos una paz profunda y una conexión inquebrantable con el ser, comprendiendo que somos la luz constante que brilla más allá de las sombras del ego.

Quien soy ?

En el vasto horizonte de nuestra existencia, donde el ser se revela sin máscara ni resistencia, dejamos atrás la identidad construida, como hojas que se sueltan en la brisa.

El ego, en su búsqueda de seguridad, se aferra a roles, títulos y vanidad, pero en el desprenderse de estos adornos, hallamos la esencia más allá de los modos.

La identidad que se cree en logros y formas, se disuelve en la luz que eternamente se forma. Al liberar el peso de las apariencias, despertamos a la verdad de nuestras presencias.

No es renuncia lo que encontramos en la ausencia, sino una paz profunda, libre de apariencia. El ser, en su pureza y en su esplendor, brilla más allá del ego y del temor.

Así, en la inmensidad del ser real, nos conectamos con lo eterno, con lo inmortal. Somos la luz que brilla sin cesar, más allá de las sombras que el ego puede crear.

El poder de la meditación

En el silencio sereno de la meditación, nos encontramos con la oportunidad de observar nuestro ser más allá de las máscaras del ego. La práctica constante de la meditación y la autoindagación actúa como un espejo profundo que revela las sombras y luces del yo interior, permitiéndonos ver más allá de las construcciones efímeras del ego. Al sentarnos en el espacio de la introspección, despojados de distracciones externas y preocupaciones mundanas, somos guiados hacia una conciencia más alta. Este proceso de observación consciente nos permite ver el ego no como un enemigo, sino como una proyección de nuestras creencias y temores más profundos. En este estado de presencia y claridad, la influencia del ego empieza a desvanecerse, y la verdad de nuestra esencia emerge con una fuerza renovada. La meditación nos brinda el poder de disolver el ego a través de la simple pero profunda práctica de ser conscientes, abriendo así un camino hacia una paz interior genuina y una comprensión más profunda de nuestro ser auténtico. En esta luz de autoindagación, descubrimos que la verdadera libertad reside en la capacidad de observar sin juicio, aceptando con amor la verdad que se revela en la quietud de nuestro ser.

Silencio

En el silencio puro, donde la mente descansa, la meditación revela la esencia de nuestra danza. Observamos el ego, sus sombras y sus luces, en el reflejo de la conciencia, las verdades se inducen.

Con cada respiración, nos acercamos a la claridad, despojando las capas de la identidad y la vanidad. En la introspección, el ego se disuelve sin prisa, y en la paz del presente, encontramos la verdadera prisa.

La autoindagación abre puertas al ser profundo, donde el ego se disuelve en el vasto mundo. La conciencia elevada nos guía hacia la verdad, en la serenidad del ser, descubrimos nuestra libertad.

Sin juicio, sin miedo, en la luz de la introspección, el ego se desvanece, revelando la pura conexión. En el silencio meditativo, hallamos nuestra esencia, y en la paz interior, florece la verdadera presencia.

Agradecimiento

En el vasto lienzo del momento presente, donde cada instante se despliega como un regalo, la práctica de la gratitud se alza como una luz transformadora que disuelve las sombras del ego. Mientras el ego se enfoca en la carencia y el deseo, la gratitud nos invita a redirigir nuestra atención hacia la abundancia que permea nuestra existencia. Al reconocer y agradecer las bendiciones que ya están presentes, incluso en los detalles más simples de la vida, cambiamos nuestra perspectiva y abrimos un canal hacia una experiencia de plenitud auténtica. Cada acto de agradecimiento actúa como una liberación del ego de su interminable búsqueda de más, permitiéndonos abrazar la riqueza inherente al momento actual. En este estado de gratitud, el vacío se llena con el calor de una profunda apreciación, revelando una paz que trasciende las limitaciones del ego. Al vivir en gratitud, nos alineamos con la esencia de la abundancia y descubrimos que el verdadero tesoro reside en la capacidad de ver lo divino en lo cotidiano. Además, la práctica constante de la gratitud actúa como un ancla en nuestra vida diaria, ofreciendo una perspectiva que nos eleva más allá de las fluctuaciones de la mente egoica. Nos invita a observar cada experiencia con ojos renovados, apreciando la perfección en lo imperfecto y la belleza en lo banal. Este cambio de enfoque no solo transforma nuestra percepción del mundo, sino que también fortalece nuestra conexión con el presente, donde cada momento se convierte en una celebración de lo que es. En el abrazo de la gratitud, encontramos un refugio seguro y un espacio sagrado donde el ego pierde su dominio y el ser auténtico se manifiesta en su plenitud.

Todo es lo es

En el silencio del presente, donde el tiempo se disuelve, la gratitud despierta, y el ego se disuelve. En cada instante, en cada respiro, hallamos la abundancia, sin más suspiro.

El ego clama por lo que falta, por lo que no se ve, pero la gratitud revela lo que ya es, lo que ya está en pie. Cada bendición, un destello en el diario vivir, cada detalle, un canto para el alma hacer revivir.

La carencia se transforma en un lienzo de luz, donde la plenitud brilla, sin sombra ni cruz. Al reconocer lo presente con agradecimiento sincero, el vacío se llena de un amor verdadero.

En la danza de lo simple, en la esencia del ahora, la gratitud nos guía, nos eleva, nos adora. Y en este abrazo eterno de la verdad que se revela, el ego se disuelve, y el ser puro se revela.

Así, en cada momento, en cada acción y pensamiento, la gratitud nos ancla, nos da paz y aliento. En el reflejo de lo divino, en el abrazo del día, hallamos la abundancia, la paz y la armonía.

Confianza Superior

En el vasto tapiz de la existencia, donde el ego busca desesperadamente controlar cada hilo, nos enfrentamos a una invitación trascendental: la de soltar el control y confiar en el Ser superior. Este acto de rendición no es una simple renuncia, sino un acto profundo de fe en una guía divina que nos acompaña y dirige en cada paso del camino. Al abandonar la necesidad de manipular la realidad, nos abrimos a la sabiduría de una fuerza mayor, aquella que orquesta el flujo natural de la vida con perfección y amor. En lugar de luchar contra las corrientes implacables del destino, elegimos navegar con confianza en el océano sereno de nuestro ser interior, permitiendo que el Ser superior nos guíe con su luz inmutable. Este acto de confianza transforma nuestra experiencia, llevándonos de la resistencia a la aceptación, de la lucha al flujo. En la entrega al Ser superior, hallamos una paz que supera las limitaciones del ego y se enraiza en la verdad más profunda de nuestra existencia. Al confiar en la guía del Ser superior, descubrimos una armonía que no se encuentra en la fuerza, sino en la fluidez del amor y la sabiduría universal. La vida comienza a revelarse como un camino de revelación y no de resistencia, donde cada momento se convierte en una oportunidad para conectar con la verdad más grande que nos rodea. En esta conexión, el ego pierde su influencia, y la esencia auténtica de nuestro ser se manifiesta en plenitud. Así, nos alineamos con el ritmo del universo, encontrando un equilibrio profundo y una paz duradera. Al soltar la ilusión del control y rendirnos a la guía divina, descubrimos la libertad y la alegría que surgen de vivir en sintonía con la corriente eterna de la vida.

Confianza

En el silencio del ser, dejo ir el control, y confío en la guía de una luz celestial. La lucha del ego se desvanece, tan solo un rol, mientras abrazo el fluir del destino natural.

Rendirme no es perder, sino hallar la paz, en el abrazo del Ser superior, en su luz pura. Dejo que la vida me guíe, sin más compás, en la corriente eterna de su guía segura.

Cada ola que llega, cada viento que sopla, es un susurro divino, un eco de verdad. En el abandono del ego, la paz se desborda, y en la aceptación, hallo la serenidad.

Confiar es liberar, es soltar la ilusión, de controlar el rumbo, de dirigir la mar. En la entrega al Ser, encuentro la canción, del amor universal, que me invita a amar.

La vida revela su ritmo en cada paso dado, y en la guía divina, hallo mi verdad. En la rendición encuentro un sendero sagrado, donde el ego se disuelve, y el ser se da libertad.

El poder de la intuición

La intuición es una facultad sutil y profundamente conectada con las raíces más puras del ser, una manifestación silenciosa de la conciencia que trasciende la razón lógica. En su morfología, la intuición es como una corriente invisible que fluye a través de nuestra mente y nuestro corazón, un puente entre lo finito y lo infinito, entre lo visible y lo que aún no se ha manifestado. A diferencia del pensamiento racional, que depende de la secuencia y el análisis, la intuición se revela instantáneamente, como un destello de comprensión profunda que no requiere explicaciones. Su estructura es fluida, carente de las rígidas barreras que definen al intelecto, porque habita en una dimensión donde lo temporal y lo eterno coexisten sin conflicto. No sigue los caminos lineales de la mente consciente, sino que brota desde lo más hondo, desde esa parte de nosotros que está en constante comunión con lo divino, con la sabiduría universal. Manifestada en susurros, en sensaciones sutiles, la intuición no grita ni exige, sino que espera pacientemente ser escuchada en el silencio. Se presenta como una certeza que no puede ser explicada con palabras, pero que resuena en el cuerpo y el alma con una verdad innegable. A menudo, la intuición se manifiesta a través de símbolos, imágenes o sentimientos que emergen sin previo aviso, como un eco del alma. Se siente como una suave atracción hacia una dirección específica o un conocimiento claro de que algo está alineado o no con nuestro ser más profundo. En su esencia, la intuición es la voz del Ser superior, una guía que nos invita a confiar en el fluir de la vida sin necesidad de controlar o entender cada paso. Cuando permitimos que la intuición florezca en nuestra experiencia, nos alineamos con un tipo de sabiduría que no está limitada por el tiempo ni por el espacio.

Ahora puedo escuchar

En el silencio profundo, la intuición florece, un susurro interno que siempre nos parece. Es una llama sagrada en la noche eterna, una guía sutil en la danza externa.

Desde el corazón, sin formas ni ruido, emerge el saber que ha sido escondido. No en palabras ni en ciencia, sino en calma, donde la verdad se revela al alma.

En cada latido y en cada respiración, la intuición teje su fina conexión. Es la voz del Ser que habla sin cesar, un faro en la tormenta, un suave guiar.

La estructura es sutil, etérea y ligera, como un eco distante que nunca se altera. Susurra la esencia, sin nada que temer, es la luz en el sendero que nos hace ver.

Manifestación de lo interno y lo eterno, es un arte divino, sereno y tierno. A través del silencio, el conocimiento se alza, la intuición es un don que a la vida embalsa.

La forma es inmortal, sin inicio ni fin, es el reflejo de lo divino en nuestro ser latín. Así, en la calma y en la paz que reside, la intuición nos guía, mientras el ego se olvida.

El poder de una visión

El poder de una visión reside en su capacidad para trascender el presente, proyectar la mente hacia el futuro y crear una realidad aún no manifestada. Es más que un simple pensamiento o deseo; una verdadera visión tiene una morfología vibrante y expansiva, que se origina en lo más profundo de nuestro ser y se nutre de la conexión con lo divino. En su estructura, la visión se parece a una semilla que, aunque pequeña e intangible al principio, lleva en su interior el potencial de convertirse en un árbol frondoso. Este potencial no es evidente a simple vista, pero se despliega a través de nuestra atención, intención y acciones conscientes. La visión se asienta en el terreno fértil de la imaginación, pero para florecer, debe ser regada con fe, paciencia y determinación. La estructura de una visión, por tanto, no es lineal ni estática, sino que se mueve con fluidez y se adapta a las circunstancias externas, guiada por la sabiduría interior. Está compuesta por capas de propósito, intención clara y enfoque profundo, cada una sirviendo como cimiento para que la manifestación se convierta en una realidad palpable. Al igual que un mapa que traza el recorrido, la visión organiza nuestras energías, brindándonos un sentido de dirección y significado. No obstante, no es rígida ni impuesta; una verdadera visión tiene flexibilidad, pues está arraigada en la aceptación de que el camino hacia su realización puede no ser como lo imaginamos. La manifestación de una visión es la culminación de un proceso de alineación interior. A medida que nos alineamos con el propósito de nuestra visión, nuestras acciones comienzan a resonar con el universo y a atraer hacia nosotros las circunstancias y personas necesarias para su cumplimiento. Esta manifestación no surge del esfuerzo o la lucha, sino de la entrega y la confianza en el flujo natural de la vida.

Visión

Una visión nace en lo profundo, como un faro que ilumina el mundo. Es semilla que en silencio brota, y en su interior, el destino explota.

De su forma, poco se ve al nacer, pero en ella se esconde el poder. Con paciencia la fe la alimenta, y el tiempo su fuerza aumenta.

No es rígida ni presa del tiempo, se adapta al viento como el viento. Guía pasos en plena armonía, se despliega con paz y energía.

La visión no lucha, ni teme al azar, confía en la vida, en su sabio andar. Se manifiesta en su propio modo, y en su florecer, descubre el todo.

Es el faro que al alma dirige, y en su luz, todo el ser corrige. Un viaje sin prisa, un paso seguro, la visión es el puente hacia lo puro.

El miedo

El miedo es una energía sutil que emerge desde lo más profundo de la psique, una sombra que se proyecta sobre la luz del presente, distorsionando la percepción de la realidad. Su morfología es compleja, entretejida en capas de pensamientos anticipatorios, creencias limitantes y memorias no resueltas. En su núcleo, el miedo no es más que la resistencia a lo desconocido, una respuesta que surge del ego al enfrentar la incertidumbre y la posibilidad de pérdida o dolor. Como una niebla densa, el miedo se infiltra en la mente y el cuerpo, provocando tensión, inquietud y una sensación de separación de la paz interior. El miedo, en su esencia, busca protegernos del sufrimiento, pero al hacerlo, nos mantiene atrapados en la ilusión de que el control y la evasión son nuestra única salida. Su manifestación es insidiosa. Puede disfrazarse de prudencia o lógica, empujándonos a evitar riesgos o a mantenernos en la zona de confort. A veces, el miedo se manifiesta como una voz interna que susurra dudas, recordándonos fracasos pasados o proyectando escenarios de fracaso futuro. Nos limita en nuestra capacidad de actuar, de amar, de confiar, y de vivir plenamente en el momento presente. Pero el miedo, aunque poderoso en su forma, es fundamentalmente una ilusión creada por la mente. No tiene existencia real en el ahora, sólo vive en la proyección de futuros inciertos o en la interpretación de heridas pasadas. Al observarlo desde una perspectiva elevada, podemos desmantelar su estructura, entendiendo que la realidad que tememos no ha ocurrido y que el poder que le damos es una elección. Cuando el miedo es enfrentado con conciencia y amor, se disuelve en la luz del presente, revelando que el único verdadero poder está en la aceptación del ahora.

Sombras

El miedo es sombra que envuelve al ser, una niebla oscura que impide ver, teje en la mente su falso poder, proyecta futuros que pueden no ser.

Es voz que susurra desde el temor, llena de dudas y niega el amor, nos ata al pasado, nos roba el valor, sin darnos la paz, ni calma interior.

Pero su forma es pura ilusión, nace del ego, de su confusión, creemos en su fría prisión, sin ver que es falsa su construcción.

Si lo miramos con luz y verdad, se desvanece su frialdad, pues el presente, en su claridad, disuelve el miedo en serenidad.

El perdón

El perdón es un acto profundo y transformador que no solo libera a quien lo recibe, sino, sobre todo, a quien lo otorga. Su morfología es sutil, invisible a los ojos físicos, pero poderosamente tangible en el alma. Comienza con una chispa de reconocimiento, un instante de comprensión en el que la carga del resentimiento se hace evidente como un peso innecesario que hemos llevado por mucho tiempo. Su estructura está formada por capas: primero, el reconocimiento del dolor; luego, la aceptación de la experiencia vivida, y finalmente, la decisión consciente de soltar. No es olvido ni negación, sino la disolución de la energía que ata al pasado. En su manifestación, el perdón es un bálsamo que sana heridas profundas, restaurando la paz y abriendo el corazón a una nueva dimensión de libertad. El perdón trasciende el ego, desmontando sus juicios y liberándonos de la necesidad de controlar o castigar. Al perdonar, nos alineamos con la verdad más profunda de nuestra naturaleza: el amor incondicional. A través de este proceso, no solo transformamos la relación con los demás, sino también con nosotros mismos, creando un espacio donde la compasión, la comprensión y la paz pueden florecer.

Liviano

El perdón es luz que brilla, en el alma como arcilla, moldea el dolor profundo, y lo suelta de este mundo.

No es olvido ni es negarse, es la fuerza de soltarse, del pasado que encadena, y disipa toda pena.

Con su suave manifestar, el perdón nos hace amar, liberando la prisión, que se oculta en el rencor.

Es un bálsamo divino, que transforma el cruel destino, y en su paso deja paz, abriendo un nuevo compás.

Al perdonar, se florece, el corazón ya no padece, pues el alma vuelve al ser, al amor y al renacer.

Mateo 19:14

Cuando Jesús dijo: *"Dejen que los niños vengan a mí; no se lo impidan, porque el reino de los cielos es de quienes son como ellos " (Mateo 19:14)*, expresó una verdad profunda sobre la pureza y la inocencia inherente en cada ser humano, una verdad que trasciende las enseñanzas más básicas y nos invita a recordar la esencia misma de lo divino en nosotros. La morfología de esta enseñanza revela la simplicidad del alma cuando no está contaminada por las ilusiones del ego, una pureza que los niños manifiestan de forma natural. Los niños no cargan el peso del juicio ni de las expectativas del mundo; viven en el presente, confiados en lo que es, sin miedo ni preocupación por el futuro. En ellos, la verdad del Ser se manifiesta sin filtros, y es por eso que son una representación de la pureza espiritual, un reflejo del estado en que fuimos creados. La estructura de esta invitación está tejida en amor incondicional y apertura total. Jesús no coloca condiciones, no exige requisitos; simplemente llama a los niños, a los corazones abiertos, a los espíritus dispuestos a soltar las capas del ego. Este acto de dejar que los niños se acerquen a Él simboliza el regreso a la fuente, el retorno a la conciencia no dual donde no existen las barreras de la separación. Es una manifestación del reconocimiento de que, para acceder a lo divino, debemos desprendernos de las estructuras rígidas del ego, de la resistencia a lo que somos en esencia. Es una enseñanza que nos invita a abrirnos como niños, con corazones humildes y mentes abiertas, para experimentar la verdad del amor divino. En el nivel más profundo, esta cita nos recuerda que la clave para acercarnos a lo sagrado es volvernos a la simplicidad, la vulnerabilidad y la confianza total en el universo. Dejar que los niños vengan a Él es dejar que nuestro verdadero ser, sin las máscaras del ego, se acerque a lo eterno, lo ilimitado y lo incondicional.

Inocencia

En la luz de la pureza infantil, brilla un amor que es sin igual. Jesús nos llama, en su ser sutil, a regresar al origen celestial.

"Dejad que los niños vengan a mí," un eco de verdad en cada corazón. En su inocencia, el Ser se ve allí, sin máscaras, sin la más mínima ilusión.

En su risa, resuena la luz del alma, en su mirada, un mundo de calma. Nos invita a soltar el ego y su drama, a hallar en el Ser la esencia de la palma.

Sin cargas ni miedo, en su pureza hallamos, la verdad del amor que siempre buscamos. A los corazones abiertos nos llama, a reencontrarnos con la fuente, sin drama.

Vuelve al presente, a la esencia que es pura, a la simplicidad de la verdad que dura. Deja que el niño en ti se abra, sin censura, y en la luz divina encuentra tu estructura.

Deja que los niños vengan a ti, en su presencia, el amor infinito está aquí. En su ser sin prejuicios, tu alma renace, y en la verdad del Ser, tu esencia se deshace.

Juan 1:1

En el principio era el Verbo, y el Verbo era con Dios, y el Verbo era Dios. Esta afirmación de Juan 1:1 nos revela una verdad profunda sobre la conexión entre la conciencia divina y todo lo que existe. El "Verbo" aquí no se refiere a palabras habladas, sino a la energía primordial y la esencia creativa que está en el corazón de todo lo que conocemos. Es la fuerza invisible que da vida a todo el universo y que impregna cada rincón de la realidad. En términos más simples, el Verbo representa la fuente de toda creación y la conciencia universal que guía el cosmos. Esto significa que todo lo que vemos y experimentamos está hecho de esta energía divina. Al entender esto, nos damos cuenta de que nuestra propia existencia está profundamente conectada con esta esencia primordial. Cada pensamiento, emoción y acción que tenemos está entrelazada con esta energía creativa que da forma a nuestro mundo. Al aceptar que el Verbo es la base de todo, comenzamos a ver la vida de una manera nueva. Nos damos cuenta de que no estamos separados del universo, sino que somos una parte integral de él. Esta comprensión nos ayuda a encontrar un sentido más profundo en nuestras experiencias y nos invita a vivir en armonía con la esencia divina que nos rodea. Reconocer que el Verbo es Dios nos permite ver el mundo no solo como una serie de eventos aislados, sino como una manifestación de una realidad más grande y significativa. Esta perspectiva nos inspira a vivir con mayor conciencia y a alinearnos con la verdad divina que sostiene y guía toda la existencia.

Verbo

En el principio estaba el Verbo, sin cesar, un susurro eterno en el vasto mar, la esencia divina en su esplendor, creando el cosmos con amor.

El Verbo no es solo sonido o voz, es la chispa de la creación, la luz que nos da paz, la fuerza que danza en cada estrella, en cada rincón del alma, en cada centella.

Todo lo que vemos, todo lo que somos, es tejido en esta trama de lo eterno, un lazo sagrado con el infinito, donde el Verbo nos guía en su infinito rito.

Al abrazar esta verdad sin final, vemos el mundo en su esencia real, no estamos solos, somos parte del todo, un reflejo de un amor profundo y sagrado.

Con el Verbo en nuestro ser, hallamos paz, un sentido profundo que nunca se deshace, y en cada experiencia, en cada acción, vemos la verdad divina, en perfecta unión.

El poder de la conciencia

El poder de la conciencia y la visión radica en su capacidad para transformar los conflictos de pareja en caminos hacia el amor y la comprensión. Cuando elevamos nuestra conciencia, dejamos de ver al otro como un adversario y comenzamos a percibir la unidad que subyace en toda relación. Los conflictos dejan de ser batallas que librar y se revelan como oportunidades para sanar y crecer juntos. Al trascender el ego, permitimos que la luz del entendimiento ilumine los rincones oscuros del desacuerdo. La verdadera solución no está en cambiar al otro, sino en cambiar nuestra percepción, reconociendo que el otro es un espejo de nuestras propias heridas. Al liberar al otro de nuestras expectativas, liberamos también nuestro corazón del juicio, dejando que la compasión y el amor fluyan libremente. Así, el conflicto se disuelve en la paz interior, y la relación se convierte en un espacio sagrado donde el amor puede florecer en su máxima expresión.

Camino libre

En la quietud de la conciencia, el conflicto se desvanece, ya no hay batallas en el alma, sólo un reflejo que se ofrece.

El otro deja de ser ajeno, es un espejo en la distancia, que nos muestra en su destello, las heridas de nuestra infancia.

El ego se disuelve en el aire, como humo que se desvanece, y en su lugar florece el amor, que la compasión enciende y crece.

Ya no busco cambiar tu ser, sino ver con ojos claros, que en el silencio de este encuentro, nuestros corazones son hermanos.

En la luz de la comprensión, el juicio se torna en perdón, y en ese espacio sagrado, florece el amor, sin condición.

Ahora puedo escuchar

En el silencio de la verdadera comprensión, la vida revela su esencia: todo lo que experimentamos es un reflejo de nuestro estado interior. No hay víctimas ni verdugos, sólo lecciones que se despliegan ante nosotros para llevarnos hacia el amor y la paz. Cada desafío, cada encuentro, es una oportunidad para ver más allá de las apariencias y abrazar la sabiduría profunda que yace en la aceptación. Al fluir con la vida, sin resistencia ni juicio, nos alineamos con el orden perfecto del universo, donde todo lo que sucede tiene un propósito divino. La paz interior surge cuando dejamos de luchar contra lo que es y, en su lugar, confiamos en que cada momento es exactamente lo que necesitamos para evolucionar hacia una mayor conciencia y amor.

Silencio

En el silencio de la vida, se revela la esencia pura, no hay víctimas ni verdugos, solo lecciones en su altura.

Cada encuentro es un reflejo, de un estado interior velado, donde el amor y la paz se esconden, esperando ser hallados.

Los desafíos son maestros, que guían hacia la luz, enseñándonos la aceptación, sin resistir ni poner cruz.

Fluir con la vida, sin lucha, es alinearse al universo, donde todo tiene un propósito, en su orden, en su verso.

La paz nace en la confianza, en que todo es lo que debe ser, y en cada instante encontramos, el amor que nos hace crecer.

Ignorancia

En el sereno fluir de la existencia, no existen errores ni pecados, sino oportunidades para el despertar y la expansión del alma. Cada experiencia, cada desafío, se presenta como una lección sagrada destinada a elevar nuestra conciencia y profundizar nuestra comprensión. Al reconocer que lo que alguna vez interpretamos como transgresiones son, en esencia, manifestaciones de nuestra ignorancia temporal, nos abrimos a la compasión y al perdón hacia nosotros mismos y hacia los demás. En este estado de aceptación y amor incondicional, encontramos la verdadera armonía con las leyes universales que guían nuestra evolución espiritual. Así, cada momento se transforma en una danza de aprendizaje y crecimiento, donde la luz de la conciencia disipa las sombras del juicio, permitiendo que la verdad y el amor resplandezcan en cada rincón de nuestro ser.

Aprender

En el río sereno de la vida, no hay pecado, sólo enseñanza, cada paso, cada caída, es una danza de esperanza.

Lo que creímos ser error, es la luz que aún no vimos, una puerta hacia el amor, que en su lección descubrimos.

En la sombra de la ignorancia, se oculta el saber divino, y al abrazar la aceptación, despertamos nuestro destino.

Perdonamos, comprendemos, somos más que nuestro ayer, la conciencia nos guía en calma, hacia el amor que hemos de ser.

Así, en cada experiencia, en cada paso por andar, la verdad y la luz se revelan, y el alma comienza a brillar.

La Culpa

En el profundo silencio de la conciencia, la culpa se disuelve como una sombra al amanecer. Comprendemos que no somos prisioneros de nuestros errores, sino viajeros en un camino de aprendizaje constante. La culpa, que alguna vez nos ató al pasado, se transforma en una brisa suave que nos empuja hacia adelante, recordándonos que cada experiencia es una lección destinada a despertar nuestra sabiduría interior. En lugar de cargar con el peso del auto-reproche, abrazamos la responsabilidad consciente, reconociendo que nuestras acciones, por imperfectas que sean, son oportunidades para alinear nuestro ser con las leyes del amor y la verdad. En este espacio de aceptación profunda, nos liberamos de la prisión de la culpa y comenzamos a caminar con ligereza y claridad, guiados por la compasión y el entendimiento, sabiendo que cada paso que damos nos acerca más a la plenitud del alma.

Culpa

En el silencio de la conciencia, la culpa se desvanece al alba, como sombra que se disuelve, cuando la luz de la verdad nos abraza.

No somos esclavos del ayer, sino buscadores en el sendero, donde cada error nos enseña, y cada lección es un sendero sincero.

La culpa se convierte en brisa suave, que nos impulsa hacia lo nuevo, donde el pasado ya no pesa, y el presente nos invita al vuelo.

Abrazamos la responsabilidad, con el corazón en paz y claro, entendiendo que cada acción, es una oportunidad para sanar.

Liberados del peso del reproche, caminamos con ligereza y amor, cada paso, una danza de sabiduría, hacia la plenitud del ser interior.

Principios Universales

Cuando el corazón se alinea con los principios universales, la vida se convierte en un reflejo de nuestra riqueza interna. Al vivir con propósito, integridad y amor, el universo responde generosamente, manifestando en el plano material aquello que necesitamos para cumplir nuestro destino. La verdadera abundancia no se persigue, se atrae; surge de la confianza profunda en que el flujo de la vida es perfecto y siempre suficiente. En la serenidad de esta certeza, el miedo se disuelve, y el poder creativo del espíritu se despliega, transformando nuestras intenciones en realidad tangible. La riqueza material, entonces, no es más que un eco de la plenitud del alma, una expresión externa de la abundancia que ya existe en nuestro ser.

Bases Solidas

Cuando el alma encuentra su armonía, el universo responde con generosidad, y en el silencio de una vida alineada, la riqueza fluye con naturalidad.

No se persigue, se atrae con amor, como un río que sigue su curso, la abundancia es el reflejo, de un corazón en su recurso.

En la confianza profunda del ser, el miedo se disuelve, se va, y lo que antes parecía lejano, ahora en nuestras manos está.

La riqueza del espíritu se despliega, en cada intención, en cada paso, y la abundancia material, es solo un eco del alma en su abrazo.

Así, en la plenitud de nuestro ser, la vida se convierte en un jardín, donde florece la verdadera abundancia, que siempre ha estado, dentro de mí.

Causa y Efecto

La Ley de Causa y Efecto nos revela el misterio sagrado del universo, donde cada pensamiento que albergamos, cada palabra que pronunciamos y cada acción que ejecutamos se convierte en una semilla poderosa, plantada en el vasto campo del tiempo y el espacio. Estas semillas no desaparecen en el vacío; por el contrario, germinan y crecen, trayendo a la manifestación los frutos exactos de nuestras intenciones y energías. La vida, entonces, deja de ser una serie de eventos fortuitos y se revela como un tapiz magnífico, tejido con precisión a partir de los hilos de nuestras elecciones. No hay azar, solo un reflejo perfecto y constante de lo que hemos proyectado hacia el universo. Al comprender profundamente que cada experiencia que vivimos es un eco resonante de lo que hemos emitido, somos llamados a despertar a una conciencia más alta, una en la que cada pensamiento, palabra y acción es realizado con una intención clara y un propósito elevado. Este reconocimiento nos invita a caminar por la vida con una presencia serena y consciente, sabiendo que el universo, en su sabiduría infinita, siempre responde a nuestra vibración con una correspondencia exacta. Así, nos convertimos en co-creadores de nuestro destino, navegando la existencia con el conocimiento de que cada paso dado en este sendero sagrado está imbuido de poder y significado, guiándonos hacia la realización de nuestro ser más elevado.

Semillas

En el vasto jardín del tiempo y el espacio, donde el alma siembra con manos de fe, cada pensamiento, palabra y acción es semilla que el viento lleva a crecer.

No hay azar en la danza de la vida, cada paso es un eco de lo que fue, en el telar del cosmos se teje el destino, reflejando siempre lo que en el corazón habita.

Cada experiencia es un susurro divino, un espejo donde el alma se ve, y en la resonancia de lo que hemos creado, el universo responde, fiel y sereno.

Caminamos con intención, con ojos despiertos, en cada latido, en cada aliento, co-creadores del destino que elegimos, en la vibración sagrada que emitimos.

Así, en la quietud del ser profundo, donde la conciencia se encuentra en flor, sabemos que cada paso es un sendero, que nos guía hacia el amor.

La Ley del Amor

La Ley del Amor se manifiesta como la fuerza primordial que no solo une, sino que también nutre y da vida a todo lo que existe en este vasto universo. Es la energía subyacente que fluye a través de cada ser, cada átomo, y cada susurro del viento. En su abrazo infinito y eterno, encontramos no solo la clave, sino el corazón mismo de la armonía y la paz que buscamos, tanto en nuestro mundo interior como en el reflejo de la realidad exterior. El amor es el lazo invisible que conecta todas las cosas, disolviendo las barreras de la separación que la mente construye y permitiéndonos percibir la profunda unidad que subyace en todas las formas de vida. Cuando elegimos vivir en sintonía con esta ley universal, permitimos que el amor impregne cada aspecto de nuestro ser, transformando nuestras percepciones y acciones. Dejamos de ver la fragmentación y empezamos a experimentar la interconexión de todo lo que es. En este estado de amor consciente, las heridas más profundas comienzan a sanar, no por el olvido, sino por la integración y la comprensión. Las sombras que alguna vez nos atemorizaron se disuelven ante la presencia de esta luz interior, que siempre ha sido nuestra esencia más pura y verdadera. El amor, en su expresión más elevada, no solo nos une con los demás, sino que nos reconcilia con nosotros mismos, revelando la chispa divina que reside en cada corazón. Es a través de este amor que nos reconocemos como parte de un todo mayor, y en esa unidad, hallamos la paz, la plenitud y la realización que siempre han sido nuestro destino.

Simplemente SOY

El amor es la fuerza que sostiene el cielo, que une las estrellas en un dulce velo, es el pulso del cosmos, eterno y profundo, la canción que resuena en cada rincón del mundo.

En su abrazo infinito hallamos la calma, es la llave dorada que sana el alma, cuando el corazón se abre, sin miedo ni prisa, el amor nos envuelve en su suave brisa.

No hay separación en su luz divina, todo se une en su paz cristalina, las heridas se cierran, las sombras se van, y en su abrazo sagrado, volvemos a amar.

El amor revela lo que siempre fuimos, esencia pura, en la que existimos, en su corriente fluimos sin cesar, despertando en su luz, nos volvemos a encontrar.

Así, en la unidad del todo nos vemos, reflejo divino de lo que seremos, y en su presencia, completos y en paz, en el amor que nos une, no hay nada más.

Ley del Aprendizaje

La Ley del Aprendizaje nos invita a ver la vida como una inmensa y sagrada aula, donde cada instante, cada desafío y cada triunfo, se convierte en un maestro disfrazado, guiándonos en el sendero del autoconocimiento y la expansión de la conciencia. En este viaje, no existen los errores ni los fracasos; cada experiencia, por más dolorosa o gratificante que sea, está impregnada de enseñanzas que nos acercan a una comprensión más profunda de quiénes somos y del universo que nos rodea. Al comprender esto, nos liberamos del juicio y la autocrítica, y comenzamos a ver cada situación como una oportunidad única para crecer y evolucionar. Nos damos cuenta de que el verdadero aprendizaje no reside en la mera acumulación de hechos o conocimientos, sino en la sabiduría que surge al vivir con plena presencia, con un corazón abierto y dispuesto a recibir lo que cada momento tiene para ofrecernos. Cuando abrazamos esta perspectiva, descubrimos que la vida misma es una continua lección de amor y transformación, donde cada paso, cada respiro, nos acerca más a nuestra esencia divina. Aprendemos que, en esta gran aula cósmica, la paciencia, la humildad y la gratitud son nuestros compañeros, y que al caminar con ellos, nos alineamos con el propósito más elevado de nuestra existencia. Así, el aprendizaje se convierte en una danza con la vida, donde cada experiencia es una melodía que nos invita a descubrir la armonía que siempre ha estado en nuestro interior, esperando ser reconocida.

Enfoque

La vida es un aula, sagrada y divina, donde cada momento, dulce o amargo, se revela como un maestro que camina, guiándonos en un sendero largo.

No hay errores en este viaje eterno, solo lecciones que nos hacen crecer, cada experiencia, un faro interno, que nos muestra quién podemos ser.

El aprendizaje no es simple saber, es la sabiduría que brota al vivir, cuando en presencia y en calma albergamos, lo que cada instante nos viene a decir.

Con el corazón abierto al presente, abrazamos lo que la vida da, y en cada paso, en cada ambiente, descubrimos la luz que en nosotros está.

La paciencia, la humildad, la gratitud, se convierten en nuestros compañeros, en esta danza cósmica de quietud, donde somos los eternos viajeros.

Así, aprendemos a ver la vida, no como un camino sin fin, sino como una melodía compartida, que nos lleva de vuelta a nuestro jardín.

Ley de la Correspondencia

La Ley de la Correspondencia nos revela una verdad profunda y transformadora: el universo que nos rodea es un espejo fiel de nuestro mundo interior. Cada experiencia, situación y persona que encontramos en nuestro camino no es más que una proyección de lo que llevamos dentro, un reflejo de nuestros pensamientos, emociones y creencias más profundas. El universo, en su infinita sabiduría, nos muestra externamente lo que hemos albergado en nuestro interior, como un eco resonante que nos invita a la introspección y al autoconocimiento. Al observar lo que ocurre en nuestra realidad externa, podemos ver el estado de nuestro ser, la vibración de nuestra alma, y los patrones que hemos creado a lo largo del tiempo. Este entendimiento nos otorga un poder inmenso: el poder de la transformación consciente. No somos víctimas de las circunstancias, sino creadores de nuestra realidad. Al reconocer que cada aspecto de nuestra vida externa es un reflejo de nuestro mundo interno, nos damos cuenta de que el verdadero cambio comienza en el centro de nuestro ser, en lo más profundo de nuestra conciencia. Cuando cultivamos pensamientos de paz, amor y gratitud, el universo responde en armonía, alineando cada aspecto de nuestra vida con estas vibraciones elevadas. Por el contrario, cuando albergamos miedo, enojo o inseguridad, lo externo nos devuelve estas emociones en forma de desafíos y conflictos. Pero en lugar de ver estos momentos difíciles como castigos o desgracias, los vemos como oportunidades para crecer y sanar, como señales que nos guían hacia un mayor equilibrio y claridad interior. La Ley de la Correspondencia nos invita a vivir con una conciencia despierta, a ser guardianes de nuestro mundo interior, sabiendo que cada pensamiento, cada sentimiento, es una semilla que plantamos en el jardín del universo.

Eco interno

En el vasto espejo del universo, donde el alma se refleja sin recelo, cada pensamiento, cada verso, es un susurro del interno anhelo.

Lo que afuera vemos, es un reflejo, de lo que dentro, en silencio, guardamos, como un río que fluye sin un dejo, deja huella en los caminos que cruzamos.

El universo responde a nuestro ser, en armonía o en confusión, y en su danza, podemos ver, el eco de nuestra propia vibración.

No hay azar en esta vida pasajera, cada encuentro, cada situación, es una semilla en la tierra sincera, que florece según nuestra intención.

En la paz interior, el amor se expande, y el mundo, como espejo fiel, responde, en cada rincón donde el alma se expande, el universo en resonancia corresponde.

No somos víctimas del destino esquivo, sino creadores de nuestra realidad, al cambiar dentro, todo lo vivo, se alinea en perfecta claridad.

Así, transformamos nuestro ser, y en esa transformación hallamos, que el mundo, en su eterno devenir, refleja la luz que siempre buscamos.

Ley de la Vibración

La Ley de la Vibración nos invita a comprender la esencia energética de la vida, donde todo lo existente vibra en una sinfonía cósmica. Desde los más pequeños átomos hasta las estrellas que iluminan el firmamento, todo resuena en una frecuencia única, emitiendo una energía que se entrelaza con el tejido del universo. Cada pensamiento que generamos, cada emoción que sentimos, y cada acción que emprendemos, son notas en esta vasta sinfonía, emitiendo una vibración que se propaga a través del tiempo y el espacio, atrayendo hacia nosotros experiencias que resuenan en la misma frecuencia. Es en esta sutil danza de vibraciones donde radica nuestro verdadero poder, el poder de co-crear nuestra realidad en colaboración con el universo. Cuando cultivamos pensamientos de alta vibración, como el amor, la gratitud y la paz, elevamos nuestra propia frecuencia y nos alineamos con las energías más elevadas de la creación. De este modo, nos sintonizamos con la abundancia que buscamos, con la armonía que deseamos vivir, y con la plenitud que anhelamos experimentar. Al elevar nuestra vibración, nos convertimos en imanes que atraen hacia nosotros lo que vibra en sintonía con nuestro ser interior. Cada momento es una oportunidad para ajustar nuestra vibración, para afinar la nota con la que contribuimos a la sinfonía del universo. En la calma de la meditación, en la pureza de una intención sincera, y en la bondad de un acto desinteresado, encontramos las claves para elevar nuestra frecuencia y conectarnos con la esencia divina que permea toda existencia. Al reconocer que todo en el universo vibra, aprendemos a vivir con una conciencia más despierta, atentos a la calidad de nuestras propias vibraciones. Sabemos que al transformar nuestras frecuencias internas, podemos influir en la realidad externa, moldeando nuestra vida de acuerdo con las energías que emitimos.

Vibramos

En la danza del cosmos infinito, donde cada estrella vibra en su rincón, todo en el universo es un grito, de energía en constante resonación.

Cada átomo susurra su canción, y el pensamiento, con su sutil poder, emite ondas en esta creación, tejiendo la trama de nuestro ser.

Las emociones son notas que fluyen, en un río de vibración constante, y en cada acto, el eco se construye, atraemos lo que vibra en lo distante.

Al elevar la frecuencia en el alma, nos sintonizamos con la luz del amor, y en la paz interior que nos calma, descubrimos la abundancia en su fulgor.

Somos creadores en esta sinfonía, donde cada elección afina el sonido, y al ajustar nuestra energía, co-creamos con el universo, un destino.

En la vibración de la gratitud sincera, y en la pureza de un corazón elevado, encontramos la llave que libera, la realidad que siempre hemos deseado.

Ley de la polaridad

La Ley de la Polaridad nos enseña que en el vasto entramado del universo, cada sombra contiene en su núcleo la semilla de la luz, y cada conflicto esconde en su interior la posibilidad de una paz profunda. La dualidad, lejos de ser una realidad absoluta, es una ilusión que nos desafía a ver más allá de la superficie de las cosas, invitándonos a integrar y reconciliar los opuestos que existen dentro de nosotros mismos. Es en el entendimiento de que los extremos no son sino manifestaciones de una misma esencia, que encontramos la clave para trascender las aparentes divisiones y descubrir la armonía subyacente en todas las experiencias. Este conocimiento nos guía hacia el sendero del medio, un camino de equilibrio y serenidad, donde la sabiduría florece en la aceptación de la unidad de todas las cosas. Aquí, la paz no es un concepto distante, sino una realidad vivida, una fuerza que emerge cuando dejamos de luchar contra los polos y comenzamos a abrazar la totalidad de nuestra existencia. En este estado de conciencia, comprendemos que la luz y la sombra, el amor y el miedo, la alegría y el dolor, son simplemente diferentes expresiones de la misma verdad universal. Y al aceptar esta verdad, nos liberamos de la ilusión de la separación, y nos alineamos con la paz que trasciende todo conflicto, viviendo en la plenitud de nuestra verdadera naturaleza.

Reconciliación

En el corazón de cada sombra brilla la luz clara, donde el conflicto con la paz se encuentra y se abraza, la dualidad es solo un juego en la vida que se para, donde los extremos en unidad hallan su casa.

La ilusión de separación nos invita a mirar, más allá de los opuestos que parecen discordar, en el sendero del medio, la sabiduría empieza a cantar, y la paz, como un río, comienza a fluir sin cesar.

Cada sombra esconde un destello de claridad, cada lucha lleva en su seno la calma de verdad, la polaridad, danza de la realidad, donde los opuestos se funden en la unidad.

En la luz y en la sombra, en la alegría y el pesar, en la separación y la unión, todo empieza a encajar, al comprender la esencia de este eterno amar, la paz en el corazón comienza a brotar.

Deja que el camino del medio te guíe en su leal, donde la verdad universal se revela sin igual, y en la integración de los opuestos, siente el total, del amor que une y la paz que brota sin final.

Ley del ritmo

La Ley del Ritmo nos revela que la vida se despliega en ciclos infinitos, similares a las olas del mar que avanzan y retroceden con una cadencia eterna. Este ritmo universal, tan constante como el latido del corazón, guía el flujo de nuestra existencia, recordándonos que cada fase de la vida tiene su propósito y su tiempo. Hay momentos para sembrar, cuando la energía se concentra en plantar las semillas de nuestras aspiraciones y sueños, y momentos para cosechar, cuando los frutos de nuestro esfuerzo se manifiestan en nuestra realidad. Hay periodos de expansión, en los cuales la vida se abre y se expande, y tiempos de contracción, en los cuales nos retiramos, reflexionamos y nos prepararnos para la próxima ola de crecimiento. Al rendirnos al flujo natural de este ritmo universal, abandonamos la resistencia que nos mantiene atrapados en la ilusión de control y aceptamos la danza continua de la vida. Es en esta aceptación que descubrimos la verdadera armonía, aprendiendo a fluir con las mareas del tiempo sin oponernos a los cambios inevitables. Cada etapa, ya sea de crecimiento o de pausa, es esencial para nuestro desarrollo y evolución. Al sincronizarnos con el ritmo de la vida, aprendemos a confiar en el proceso natural del universo, reconociendo que cada etapa, con sus desafíos y recompensas, es una parte necesaria de nuestro viaje. Esta rendición no es una sumisión pasiva, sino una apertura activa a la sabiduría del flujo universal, permitiéndonos bailar con la vida en lugar de luchar contra ella. En este baile, encontramos la paz y la claridad que surgen de aceptar el ritmo incesante de la existencia, sabiendo que cada fase nos acerca más a nuestra verdadera esencia y propósito. Así, al abrazar la Ley del Ritmo, nos liberamos del temor a los cambios y del apego a los resultados, confiando en que la vida, en su flujo constante, siempre nos lleva hacia donde necesitamos estar.

Baile Universal

La vida danza en ciclos sin fin, como olas que al mar vuelven a su origen, en cada latido y ritmo sutil, se despliega el flujo del ser que nos dirige.

Hay tiempos para sembrar con fe y anhelo, cuando la tierra abraza sueños por brotar, y tiempos para cosechar el fruto en cielo, donde la abundancia se manifiesta sin cesar.

En expansión, la vida se abre y canta, como el sol que en el horizonte se eleva, y en contracción, el alma se aguanta, preparando el campo para la próxima espera.

Al rendirnos al ritmo del universo eterno, abandonamos la lucha y el control tenaz, y nos unimos al baile del ciclo interno, donde cada fase revela su verdad eficaz.

Cada ola, cada pausa, tiene su razón, en el flujo constante del ciclo vital, y en la aceptación, hallamos la lección, la paz surge en el proceso natural.

Así, en la danza del ritmo, hallamos paz, en cada cambio, en cada paso, en cada fase, la vida nos guía con su ritmo eficaz, y nos revela la esencia de nuestro viaje, el gran compase.

Ley de la Relatividad

La Ley de la Relatividad nos invita a explorar un profundo entendimiento de que nada en nuestra existencia es absoluto, sino que todo adquiere significado en relación con algo más. En la vasta sinfonía de la vida, cada experiencia, cada emoción y cada situación se define por su conexión con el contexto en el que surge. Esta perspectiva nos revela que lo que percibimos como verdad o como realidad es, en esencia, una construcción relativa que depende de nuestra propia interpretación y del marco de referencia desde el cual observamos el mundo. Cuando comprendemos que todo es relativo, empezamos a liberarnos de la necesidad imperiosa de juzgar y clasificar nuestras experiencias y las de los demás en categorías de bien o mal, correcto o incorrecto. Este entendimiento nos invita a adoptar una mente abierta, que no se aferra a absolutos ni se limita por juicios rígidos. En lugar de ver la vida a través de lentes de juicio y comparación, comenzamos a ver la realidad con la flexibilidad y la aceptación que nos permiten abrazar la diversidad de experiencias humanas sin condena ni crítica. La relatividad nos ofrece la libertad de elegir cómo interpretar y responder a lo que nos sucede. En lugar de sentirnos atrapados por circunstancias que parecen inmutables, reconocemos que nuestra percepción y nuestra respuesta a esas circunstancias son las que realmente moldean nuestra realidad. Al adoptar esta visión, nos damos cuenta de que tenemos el poder de dar forma a nuestra experiencia mediante la actitud y el enfoque que decidimos adoptar. Al ver la vida a través del prisma de la relatividad, entendemos que nuestras emociones y experiencias no son absolutas ni fijas, sino que son fluidas y cambiantes en función de cómo las contextualizamos. Esta realización nos brinda una profunda libertad interior, permitiéndonos soltar el control y la rigidez que provienen de la búsqueda de absolutos.

Nada Es

En el vasto universo de lo relativo, nada es absoluto, todo es un fluir, cada emoción, cada instante vivido, encuentra su forma en la forma de existir.

Cada experiencia, cada susurro del alma, se teje en relación, en un gran entrelazar, en la red de la vida, sin rígida calma, la realidad se moldea en su propio danzar.

Libérate del juicio que encierra y limita, de la necesidad de encasillar y definir, en la relatividad, la mente se invita, a ver con apertura y a aprender a fluir.

No hay absolutos en el gran diseño, cada verdad se ajusta a su contexto fiel, lo que ayer fue dolor, hoy es un sueño, y lo que fue claro, hoy es un velo sutil.

En la danza de la vida, el poder reside, en la forma en que interpretamos el sendero, cada circunstancia se mueve y decide, el rumbo que tomamos en el vasto sendero.

Abrazar la relatividad nos da libertad, de ver sin límites y sin rígido cristal, en la flexibilidad hallamos la verdad, y en la percepción, una paz sin igual.

Ley de la Transmutación

La Ley de la Transmutación de la Energía nos revela el poder sagrado que reside en cada uno de nosotros: la capacidad de transformar nuestra realidad a través de la alquimia del espíritu. A lo largo de nuestra existencia, se nos brinda la oportunidad de realizar una metamorfosis interna, donde podemos convertir la oscuridad en luz, el miedo en amor, y el sufrimiento en paz. Esta ley nos enseña que la energía nunca se destruye ni desaparece, sino que se transforma y adopta nuevas formas a lo largo de su flujo constante. Cada pensamiento, emoción y experiencia que atravesamos es una manifestación de energía en movimiento. La oscuridad que sentimos en ocasiones no es más que energía en una forma aún no transmutada, esperando su conversión a una versión más luminosa. De igual manera, el miedo que nos consume es una energía que, cuando se comprende, puede convertirse en amor. El sufrimiento que cargamos también puede ser transformado en paz cuando lo enfrentamos con conciencia y compasión. Al aceptar esta ley, reconocemos que somos los alquimistas de nuestras propias vidas, poseedores de la capacidad de cambiar nuestra energía y, con ello, nuestra realidad. La conciencia y el amor son las herramientas que nos permiten guiar este proceso de transmutación. En lugar de resistirnos a las experiencias negativas, podemos abrazarlas y utilizarlas como portales de crecimiento espiritual. Cada dificultad se convierte en una oportunidad para transformar lo negativo en positivo, lo denso en sutil, elevando así nuestra vibración. Este poder no solo influye en nuestra vida personal, sino también en la energía colectiva. Cada vez que logramos transmutar una emoción oscura en luz, contribuimos al bienestar del mundo entero. El sufrimiento, cuando se transforma, deja de ser una carga individual para convertirse en un acto de sanación universal. Así, al sanar internamente, participamos en la elevación de la conciencia global, actuando como canales de transformación para el colectivo.

Cambio

En cada instante, un poder sagrado reside, la Ley de la Transmutación de la Energía nos guía, donde la oscuridad en luz se decide, y el miedo se transforma en amor que brilla.

La energía nunca se destruye, solo cambia, fluye en un ritmo de constante creación, de sombras a luz, el alma se expande, en la alquimia del espíritu, hallamos redención.

Cada desafío y sombra en nuestro sendero, es una oportunidad para nuestra elevación, de sufrimiento a paz, un viaje sincero, en la danza del ser, la transformación es la lección.

Consciencia y amor son nuestras herramientas divinas, para transmutar lo negativo en pura energía, en cada pensamiento y emoción, la vida se disciplina, y en cada transformación, nace una nueva armonía.

Cada dificultad, un maestro oculto en el día, cada temor, una oportunidad para sanar, y en la transmutación de la energía, la sabiduría, nos eleva y nos permite nuestro ser abrazar.

Ley de la Unidad

La Ley de la Unidad nos invita a reconocer una verdad profunda y esencial: todos somos expresiones individuales de un solo Ser, fragmentos de una conciencia infinita que se manifiesta a través de cada vida, cada pensamiento, cada experiencia. En este vasto entramado de existencia, no hay líneas divisorias ni fronteras reales, sólo la ilusión de la separación que el ego crea. Tú y yo, el pasado y el futuro, lo que es y lo que puede ser, todo está entrelazado en un campo unificado de energía y amor. Al contemplar esta verdad, comenzamos a ver más allá de las apariencias superficiales y entendemos que cada acción que tomamos, cada palabra que pronunciamos, reverbera a través del cosmos entero, afectando a todo lo que existe. Vivir en armonía con esta ley significa trascender la ilusión del "yo" y "tú", para vivir en una conciencia donde el bienestar de uno se convierte en el bienestar de todos. En esta comprensión, cada acto de amor, cada gesto de compasión, se convierte en un acto sagrado, un tributo al tejido de la vida misma.

Cuando sanamos nuestras heridas internas, no sólo nos liberamos a nosotros mismos, sino que contribuimos al alivio de las heridas colectivas del mundo. Al elevar nuestra conciencia, elevamos la vibración de toda la humanidad, recordando que somos co-creadores del destino del universo. La unidad nos invita a vivir con el corazón abierto, abrazando cada ser como una extensión de nosotros mismos, y en ese abrazo, encontramos la paz que siempre ha sido nuestra, la paz que surge cuando nos reconocemos como uno con todo lo que es. En la unidad, se disuelven las barreras de la separación, se desvanece el miedo, y lo único que queda es la verdad eterna: el amor es la esencia que conecta, que cura, que transforma. Y al vivir en esa verdad, descubrimos que la vida misma es un milagro continuo, un flujo de conciencia en el que cada uno de nosotros juega un papel indispensable.

Unidad

Somos uno, en un vasto manto, no hay separación en el canto, del cosmos entero, en su vibrar, donde tú y yo somos un mar.

Cada gesto, cada acción, es un eco en la creación, y al sanar mi propio ser, sanamos todos, sin temer.

El amor es la verdad eterna, que en cada alma se gobierna, y al abrazar la unidad, nace en nosotros la bondad.

La ilusión del "yo" se apaga, cuando el corazón se embriaga, de la luz que todo une, y al miedo, por fin, consume.

En el todo somos nada, pero en esa nada, morada del más puro y santo amor, somos chispa y somos flor.

Así el mundo, en su fluir, nos invita a compartir esta danza universal, donde amar es lo esencial.

Y al fin comprendemos, al brillar, que al uno, todos han de amar, pues en la unidad se encuentra la paz, que al alma despierta, libera y da más.

Ley del Mentalismo

La Ley del Mentalismo nos revela una verdad profunda y poderosa: el universo en el que vivimos no es más que un reflejo de nuestra mente. Cada experiencia, cada encuentro, cada situación que enfrentamos en nuestra realidad externa, es una manifestación directa de los pensamientos que habitan en nuestro interior. Nuestra mente es el taller donde se forjan los sueños, las creencias y las expectativas que, inevitablemente, se proyectan hacia el mundo exterior. Este principio nos invita a una introspección constante y consciente, recordándonos que al transformar nuestros pensamientos, podemos transformar nuestra realidad. No somos víctimas de circunstancias al azar; somos los arquitectos de nuestra propia existencia. Al nutrir nuestra mente con pensamientos de amor, paz y abundancia, sembramos las semillas de una vida llena de propósito y significado. En este proceso, descubrimos que la verdadera magia no reside en cambiar lo que nos rodea, sino en transformar el mundo interno, ese espacio sagrado donde la conciencia despierta y el poder de la creación se desata. Cuando comprendemos que el universo es mental, entendemos que tenemos en nuestras manos la llave para abrir puertas hacia un destino más elevado, donde cada pensamiento es un pincel que dibuja el lienzo de nuestra vida.

Arquitectos

En el vasto lienzo de la mente, donde el universo se despliega, cada pensamiento es la corriente que en el mar de la vida navega.

El mundo es un reflejo fiel de lo que en silencio meditamos, y en cada rincón, bajo cada piel, están los sueños que forjamos.

No somos hojas al viento errantes, sino los arquitectos del destino, construyendo con hilos brillantes un camino en el divino camino.

Al sembrar en el alma amor y paz, la abundancia florece en su esplendor, y en la conciencia que siempre es capaz, despierta el poder creador.

La magia no vive en lo externo, sino en el santuario interior, donde cada pensamiento eterno es la chispa del verdadero amor.

Así, al comprender esta ley sagrada, que el universo es mental y vital, abrimos puertas a una morada donde el alma se eleva sin final.

Ley de la Manifestación

La Ley de la Manifestación nos revela el poder inherente que poseemos como co-creadores de nuestra realidad. En el vasto entramado del universo, cada deseo que surge desde lo más profundo de nuestro ser es una chispa divina que tiene el potencial de convertirse en una realidad tangible. Este principio nos enseña que no somos meros espectadores de la vida, sino participantes activos en el proceso creativo del cosmos. Cuando enfocamos nuestra mente con intensidad y claridad en aquello que anhelamos, alineamos nuestras energías con las fuerzas universales que gobiernan la existencia. Cada pensamiento que sostenemos, cada emoción que cultivamos, actúa como una señal vibratoria que envía nuestro deseo hacia el tejido del universo, donde se teje con hilos invisibles hasta que se manifiesta en nuestro mundo material. La manifestación es, en esencia, la alquimia de la intención. Cada intención que nace en nuestro corazón es como una semilla plantada en el fértil suelo de la conciencia, esperando el momento adecuado para germinar y florecer. Pero como cualquier semilla, requiere de cuidados constantes: necesita ser regada con la fe, nutrida con la perseverancia, y protegida de las dudas y los miedos que podrían sofocar su crecimiento. Al abrazar la Ley de la Manifestación, nos comprometemos a ser guardianes conscientes de nuestros pensamientos, a enfocar nuestra energía en lo que deseamos ver crecer en nuestra vida. Al comprender que la energía sigue al pensamiento, aprendemos a dirigir nuestras mentes hacia lo positivo, hacia lo que nos eleva y nos expande. Así, nos convertimos en jardineros de nuestro destino, cultivando un paisaje interior que, en su momento, se reflejará en el mundo externo. La manifestación es un recordatorio constante de que somos poderosos más allá de lo que imaginamos, y que el universo, en su infinita sabiduría, siempre responde a la claridad de nuestra visión y a la pureza de nuestra intención.

Deseo o Necesidad

Cada pensamiento es un rayo de intención, una chispa divina que alumbra la creación, en el silencio profundo de la mente serena, donde se forjan los sueños con fuerza plena.

La energía sigue al deseo en su andar, como el río que fluye hacia el vasto mar, y en cada intención que mi ser despierta, se abre una puerta hacia la meta incierta.

No soy un eco de un destino incierto, soy el artesano de lo que en mi es cierto, y con cada latido de mi corazón, moldeo mi vida en cada acción.

El universo escucha y responde al llamado, de un alma que avanza con paso confiado, pues sabe que todo lo que anhelo y veo, es solo un reflejo de lo que yo creo.

Planto semillas de amor y de paz, en el suelo fértil donde el miedo no está, y al nutrirlas con fe y visión clara, florecen en la vida de manera rara.

Así, en el camino de la manifestación, cada paso es un acto de pura creación, y al confiar en la fuerza de mi vibración, se hace real mi más profunda oración.

Ley del Equilibrio

La Ley del Equilibrio nos enseña que la vida se mueve con una danza sutil, donde cada acción y reacción buscan su punto de armonía en el vasto tapiz del universo. En la compleja sinfonía de la existencia, los extremos se entrelazan y se compensan, creando un equilibrio que resuena en la esencia de todo lo que es. La estabilidad no es un estado estático, sino un flujo constante de ajustes y compensaciones, un movimiento que busca igualar las fuerzas opuestas. Cada desafío y cada triunfo, cada tristeza y cada alegría, son partes de este delicado equilibrio que nos invita a encontrar el centro en medio de la dualidad. Al aprender a navegar entre los opuestos, descubrimos que el equilibrio no solo se trata de mantener una balanza perfecta, sino de aceptar la fluidez de la vida y ajustarnos a sus cambios con sabiduría y serenidad. La verdadera paz emerge cuando entendemos que cada polaridad, cada movimiento hacia un extremo, es una oportunidad para recalibrar y regresar a nuestro estado natural de armonía. Al alinear nuestras acciones, pensamientos y emociones con esta ley universal, encontramos una profunda resonancia interna que nos guía hacia una existencia más equilibrada, plena y en sintonía con la esencia del cosmos. En este estado de equilibrio, descubrimos la verdad de que el universo no solo busca estabilidad en el vasto escenario de la vida, sino que nos invita a ser conscientes de nuestro papel en esta danza eterna de compensación y ajuste.

Balance

En la danza eterna del vasto universo, donde los extremos se abrazan en un giro, la Ley del Equilibrio revela su verso, un ritmo profundo que nunca se retira.

Cada ola en la marea busca su calma, cada estrella en el cielo su lugar, en la balanza del cosmos se halla la palma, un equilibrio perfecto, que nos invita a mirar.

Entre las sombras y la luz, el camino, se trazan senderos de ajuste y de paz, cada desafío es parte del destino, una melodía que el universo compone y abrazas.

Los extremos se encuentran en una danza, movimientos fluidos que buscan alinear, en cada lucha y en cada bonanza, la estabilidad nos invita a reflexionar.

La estabilidad no es un sueño fijo, sino un fluir constante en la inmensidad, en la aceptación de cada matiz y brío, encontramos la paz de la verdadera realidad.

Así, en el vaivén de la existencia y el ser, donde cada polaridad encuentra su fin, la vida nos enseña a aprender y a ver, que el equilibrio es la luz que en el corazón reside al fin.

Ley de la No Resistencia

Imagina un río que fluye serenamente, sorteando piedras y curvas sin esfuerzo, adaptándose a cada obstáculo sin perder su esencia. Así es la vida cuando aprendemos a fluir en lugar de resistirla. La Ley de la No-Resistencia nos enseña que la verdadera fuerza no está en la lucha, sino en la aceptación profunda de lo que es. A lo largo de nuestras vidas, enfrentamos situaciones que parecen contradecir nuestros deseos. Nos encontramos con desafíos y cambios que no podemos controlar, y nuestra tendencia es resistirnos, luchar contra la corriente con la esperanza de moldear la realidad a nuestra voluntad. Sin embargo, la resistencia genera tensión, manteniéndonos atrapados en el sufrimiento. La mente se convierte en un campo de batalla, donde el control y el miedo luchan contra el flujo de la vida. Pero al soltar esa resistencia y abrirnos a la experiencia tal como es, comenzamos a experimentar un cambio profundo. La aceptación no significa resignación, sino alineación con la realidad. Es un acto de confianza en el orden natural del universo, una entrega consciente al proceso de la vida. La aceptación nos libera de la carga de la resistencia y nos permite ver con mayor claridad. Cuando dejamos de luchar contra lo que no podemos cambiar, encontramos una paz interior que no depende de las circunstancias externas. Esta paz es el terreno fértil para el crecimiento espiritual. Practicando la no-resistencia, percibimos la vida desde una perspectiva más amplia. Los desafíos dejan de ser enemigos y se convierten en maestros que nos guían hacia la sabiduría. Cada situación, por difícil que parezca, lleva consigo una lección, una oportunidad para crecer. En lugar de resistirnos, nos volvemos receptivos y dispuestos a evolucionar con cada experiencia. Este enfoque nos conduce a una existencia más armoniosa, donde cada momento es aceptado con gratitud. La tensión desaparece y surge una sensación de bienestar. Al alinearnos con el ritmo de la vida, nos movemos con mayor facilidad y gracia.

Fluir

En el fluir de la vida, encuentro mi ser, Dejo atrás la lucha, el constante querer, La resistencia se disuelve, como niebla al sol, Y en la aceptación, descubro mi rol.

Cada río tiene su cauce, su razón de fluir, Así mi alma aprende, sin tener que resistir, No es resignación lo que al corazón susurra, Es la paz que llega, cuando el ego se derrumba.

Las piedras del camino no son enemigos, Son maestros ocultos, sabios testigos, De que la fuerza no está en el control, Sino en la entrega plena, en soltar el dolor.

La vida tiene su ritmo, su propio compás, Y al seguir su danza, todo mal se va, Es en la confianza, en la fe sincera, Que el alma se eleva, que el espíritu vuela.

No lucho, no empujo, sólo dejo ser, Lo que venga, lo acepto, lo abrazo al caer, Pues sé que en cada desafío, en cada tropiezo, Hay una lección, un divino proceso.

Ley de la Entrega

La Ley de la Entrega nos guía hacia una comprensión profunda de la vida, enseñándonos que la verdadera fuerza no reside en el control, sino en la capacidad de soltar. Muchas veces, en nuestra búsqueda por alcanzar metas y resolver problemas, nos aferramos con tanta fuerza a nuestros deseos y preocupaciones que creamos una resistencia que bloquea el flujo natural de la vida. Esta resistencia genera tensión, nos desgasta y, paradójicamente, aleja lo que más anhelamos. Entregar no significa rendirse, sino confiar en que el universo tiene un orden perfecto y que cada cosa ocurre en su tiempo adecuado. Es un acto de sabiduría y humildad, un reconocimiento de que no siempre podemos prever o controlar los resultados. Al soltar el control, permitimos que las energías universales trabajen a nuestro favor, liberando las cadenas que nosotros mismos hemos forjado con nuestros miedos y expectativas. La entrega abre un espacio interno de paz, donde la ansiedad y la preocupación ya no tienen cabida. En lugar de luchar contra la corriente, aprendemos a fluir con ella, sabiendo que el río de la vida nos llevará exactamente donde necesitamos estar. Este fluir no es pasivo; es una aceptación activa y consciente de que no necesitamos forzar los eventos, sino más bien, confiar en que lo que es para nosotros llegará en el momento preciso. Cuando entregamos nuestros deseos y preocupaciones al universo, liberamos una energía poderosa que permite que las cosas se manifiesten de manera natural y en armonía con el todo. Ya no somos esclavos de nuestras expectativas, sino co-creadores conscientes que comprenden que el verdadero poder no radica en el control rígido, sino en la flexibilidad y la confianza en el proceso de la vida. Nos damos cuenta de que al soltar, no perdemos nada, sino que, por el contrario, ganamos la paz interior, la confianza en el fluir de la vida, y la certeza de que todo lo que es verdaderamente nuestro llegará a su debido tiempo.

Confianza Universal

En el susurro de la brisa serena, donde el tiempo se funde en calma plena, hallamos la fuerza de soltar, en la entrega, el arte de confiar.

No en el control, sino en el fluir, donde el río de la vida nos invita a seguir, dejamos los deseos en manos del viento, y hallamos paz en el momento.

La resistencia se disuelve en aire, mientras el universo nos envuelve en su baile, en cada ola, en cada marea, la entrega nos guía, sin más espera.

Soltar no es perder, sino liberar, lo que bloquea el flujo de nuestro andar, en la confianza hallamos nuestra voz, y en el presente, nos sentimos en paz.

Cada preocupación se convierte en luz, cuando al universo entregamos nuestra cruz, dejamos que el orden perfecto se despliegue, y en la serenidad, nuestra alma se despliega.

En la calma de soltar, descubro mi ser, no en la lucha, sino en el ceder, la entrega es el sendero de la vida, donde el amor y la paz nos guían.

Ley de la Abundancia

La Ley de la Abundancia nos invita a adentrarnos en el vasto océano de posibilidades que el universo ofrece. En el corazón de esta ley hay una verdad fundamental: el universo es un campo de abundancia infinita. Desde los susurros de la naturaleza hasta las estrellas en el cielo, todo refleja que la abundancia es una realidad esencial, no una excepción. En cada rincón del cosmos, hay un flujo continuo de energía y posibilidades. Para comprender esta ley, es vital abrirse a la recepción. A menudo, limitamos nuestras posibilidades a causa de creencias y expectativas que construyen barreras. Estas barreras pueden manifestarse como miedos o dudas que nos dicen que no somos dignos de recibir. La clave está en soltar estos bloqueos internos y reconocer que todo lo que necesitamos ya está presente en nuestras vidas. El primer paso hacia esta apertura es la autoobservación consciente. Pregúntate: ¿qué ideas tengo sobre la abundancia? La meditación y la reflexión son herramientas poderosas que ayudan a identificar y liberar creencias restrictivas. Una vez que comenzamos a deshacer esos bloqueos, debemos alinear nuestra energía con la frecuencia de la abundancia. Manteniendo una actitud de gratitud, sintonizamos con la vibración de la abundancia, permitiendo que el flujo se manifieste con claridad. El acto de recibir implica también la disposición para dar. En el equilibrio de dar y recibir, encontramos la verdadera esencia de la abundancia. Al ofrecer generosamente, no solo contribuimos al bienestar de otros, sino que también nos alineamos con la energía del flujo. La abundancia no es un recurso limitado; se multiplica a medida que la compartimos. Finalmente, es fundamental recordar que la abundancia no siempre se manifiesta de inmediato. La paciencia y la confianza en el proceso son esenciales. Al abrirnos a recibir y alinear nuestras energías, transformamos nuestras vidas y experimentamos una realidad rica en posibilidades.

Abundancia

En la inmensidad de la existencia, donde el cosmos canta su verdad, resuena la ley de la abundancia, un susurro eterno de serenidad.

El universo, en su generoso esplendor, ofrece sin fin su caudal sin par, y en cada rincón de su amoroso labor, se oculta un tesoro por revelar.

Despierta, alma, a la danza sin fin, donde la abundancia fluye sin cesar, deja atrás las sombras y el desdén, y abre tu ser a lo que está por llegar.

En tu corazón, siembra la gratitud, como flores en un campo sin fin, y verás cómo el cielo, con su actitud, responde a tu llamado con un festín.

No hay barreras en el vasto universo, solo apertura para recibir, y al soltar las dudas y el reverso, la abundancia empieza a florecer y vivir.

La generosidad es la clave dorada, en el dar, encontramos el recibir, y en el fluir de cada jornada amada, la prosperidad comienza a existir.

Ley del Desapego

En el delicado tejido de la existencia, la Ley del Desapego se presenta como una guía hacia la verdadera libertad y paz interior. Esta ley, esencial y desafiante, nos invita a soltar las ataduras que nos encadenan a resultados, personas y cosas materiales. Al hacerlo, podemos encontrar la esencia pura de nuestra propia existencia. El desapego no implica renunciar al amor o a la conexión, sino liberar nuestras expectativas y ansiedades respecto al futuro y a los deseos materiales que poseemos. La vida, en su flujo constante, nos recuerda que todo lo que tenemos es efímero y transitorio. Al comprender la naturaleza transitoria de la vida, nos damos cuenta de que el apego a lo temporal nos lleva a la frustración y al sufrimiento. En lugar de aferrarnos desesperadamente a lo que creemos que necesitamos, el desapego nos enseña a aceptar lo que es. Nos invita a apreciar el presente sin estar atados a lo que fue o a lo que podría ser. Así como un navegante sabio se adapta a las corrientes del océano, nosotros debemos aprender a fluir con las corrientes de la vida, dejando de lado la resistencia y el intento de controlar el flujo. Vivir en el presente se convierte en una de las mayores bendiciones del desapego. Al soltar las preocupaciones por el futuro y las lamentaciones por el pasado, nos abrimos a la rica experiencia del ahora. El desapego nos enseña sobre la impermanencia de las cosas materiales, permitiéndonos liberarnos del miedo a perder lo que tenemos. Reconocer esta verdad nos permite cultivar una actitud de gratitud y apreciación por lo que está presente en nuestras vidas. Las cosas materiales no definen nuestra valía ni nuestra felicidad; la verdadera riqueza reside en nuestra capacidad para disfrutar y estar en paz con lo que poseemos. Practicar el desapego también implica liberarse de las expectativas sociales que, a menudo, nos llevan a la infelicidad.

Renuncias

En el sereno bosque del alma eterna, donde el río del tiempo fluye y gobierna, se encuentra la Ley del Desapego, clara, como el susurro suave de una primavera rara.

No te aferres al eco de lo que pasó, ni al brillo efímero que el mundo ofreció, deja que las sombras del ayer se vayan, y en el presente, tus ansias se deshagan.

La libertad no es tener ni acumular, es el arte sutil de soltar y dejar, es un vuelo ligero en la brisa sin fin, donde el apego se disuelve, suave y sutil.

En la danza del hoy, sin peso ni carga, donde el alma se expande y no se larga, encontramos la paz que siempre ha estado, en el desapego, nuestro ser liberado.

Como el río se adapta al curso del suelo, sin luchar contra el curso, sin anhelo, así se encuentra la calma en el fluir, en la libertad que nos permite existir.

El poder de la Imaginación

La imaginación es el poder oculto que conecta el ser humano con las infinitas posibilidades del universo. Es en ese espacio interno, donde los límites se disuelven, que se forjan las realidades que experimentamos externamente. Cada imagen que la mente concibe, cada visión que nutre con emoción y fe, es una semilla que se planta en el vasto campo de lo posible. A través de la imaginación, no solo percibimos lo que aún no existe, sino que también lo traemos a la existencia. Es el puente entre el deseo y la manifestación, un espacio sagrado donde la energía se transforma en materia. Entender el poder de la imaginación es comprender que somos creadores de nuestra realidad, y que lo que albergamos en nuestras mentes tiene el poder de moldear el mundo que nos rodea. Al abrazar este poder, nos volvemos conscientes de nuestra capacidad para transformar nuestras vidas. La imaginación nos invita a soñar sin restricciones, a ver más allá de las apariencias y a crear con intencionalidad. Nos enseña que no somos víctimas de las circunstancias, sino arquitectos de nuestro destino. En la medida en que alineamos nuestra imaginación con valores de amor, paz y propósito, nos sintonizamos con las energías universales que sustentan toda creación. Así, cada pensamiento imaginado con claridad y amor se convierte en un hilo del tejido de nuestra existencia, recordándonos que el poder de la creación siempre ha estado, y siempre estará, en nuestras manos.

Creación

En la mente se alza un puente sutil, donde el sueño y la realidad convergen, un lugar donde la visión es febril, y el poder de crear no tiene margen.

Cada imagen que en silencio forjamos, es semilla que en lo eterno se siembra, es destino que con amor moldeamos, y en la vida su presencia se encuentra.

La imaginación, chispa divina, es la clave del vasto universo, con ella el alma su verdad destina, y convierte en realidad su verso.

No somos hojas al viento flotando, sino creadores de nuestro camino, cada pensamiento va dibujando, el mundo que surge desde el divino.

Soñemos con el corazón abierto, sin temor a lo que aún no es visible, pues en la mente todo es cierto, y el amor hace lo imposible posible.

OTROS VERSOS
QUE SANAN

La Voz Interior

Dentro de mí, una voz sagrada, guía mis pasos hacia la luz. El Espíritu Santo, presencia adorada, me muestra el camino y su cruz.

Cada herida se convierte en enseñanza, cada dolor, en una lección. La voz interior, en su constancia, me lleva hacia la sanación.

El Espíritu Santo en Mí

En mi ser, reside una luz divina, el Espíritu Santo, siempre presente. En su amor, mi alma se inclina, y encuentro paz en el camino ardiente.

Las heridas de la infancia se disipan, bajo su guía, en su amor sin fin. El Espíritu Santo, en su luz me equipan, para vivir en paz, siempre en mi jardín.

En su abrazo eterno, hallo sanación, cada herida se torna en flor. El Espíritu Santo, mi mayor bendición, me guía siempre hacia el amor.

La Sabiduría del Silencio

En la calma de mi ser interior, hallo la paz que tanto anhelé. En el silencio, sin temor, la verdad eterna encontré.

El Camino de la Aceptación

Acepto la vida con sus misterios, en su danza hallo mi verdad. Cada instante, con sus imperios, me ofrece enigma y claridad.

No lucho contra el destino, ni temo el dolor que pueda traer. Cada paso, un regalo divino, que mi alma ha de comprender.

En la aceptación hay libertad, un amor que todo lo abraza. Es en su profunda serenidad, donde mi espíritu halla su casa.

La Fuerza del Amor

Amor, fuerza que todo mueve, en el vasto orbe y su brillar. En su poder, mi alma se atreve, a transformar el miedo sin cesar.

No hay barrera que pueda detener, el flujo eterno de su fulgor. Cada herida puede encender, el fuego del amor y su fervor.

En los ojos del otro, yo veo, reflejo del amor sincero. Cada acto de bondad es veo, del amor que llevamos entero.

Amor no conoce límites, es infinito en su ser. En su abrazo, todos los gérmenes, de miedo y dolor han de ceder.

Que cada día sea una ofrenda, de amor en su forma más pura. Que en cada corazón prenda, la llama de su esencia segura.

La Sabiduría de la Vida

La vida, maestra en su andar, nos guía con su sutil saber. Cada experiencia, sin par, nos enseña a crecer.

No hay error, solo lección, en cada tropiezo, en cada paso. La vida ofrece su canción, y en su verdad hallo abrazo.

Vivo cada día en gratitud, aceptando su enseñanza. En su sabiduría hay virtud, y en su amor, mi confianza.

El Poder del Ahora

En el presente hallo mi poder, el único momento que es real. No hay pasado ni futuro que temer, sólo el ahora, eterno y vital.

Cada instante, una joya brillante, que ilumina mi ser interior. El ahora es siempre constante, lleno de paz y amor.

No hay preocupación que pueda, nublar la luz del presente. El poder del ahora queda, como faro en la mente.

Vivo en el ahora, consciente, de que cada momento es sagrado. En su abrazo, soy paciente, y en su amor, hallo lo amado.

El ahora es mi refugio y fortaleza, donde encuentro la redención. En su paz, mi alma realeza, se une en divina comunión.

La Belleza en lo Efímero

Observo una flor en su delicado esplendor, sus pétalos suaves, de vivos colores. En su fragancia hallo amor, y en su belleza, mil resplandores.

El agua cristalina que la nutre, fluye con gracia y sin cesar. En su danza, la flor se embriaga, y en su reflejo, puedo soñar.

La lluvia cae como un manto sagrado, que besa la tierra con su frescor. Cada gota un suspiro encantado, que trae vida y puro candor.

El calor del sol la acaricia, dándole fuerza y vitalidad. En su luz, la flor se delicia, y florece en plena libertad.

Un ave canta en el cielo azul, su melodía es pura armonía. En su vuelo, libre y sutil, encuentro paz y sabiduría.

El Ciclo Eterno de la Vida

Contemplo la flor en su tierna morada, nacida del suelo, bañada en rocío. Sus pétalos abren al alba dorada, mostrando al mundo su puro albedrío.

El agua, fuente de toda existencia, fluye en ríos, mares y arroyos. Su curso es símbolo de persistencia, un eterno viaje sin desmayos.

La lluvia desciende con dulzura, alimentando la tierra y sus frutos. Cada gota una caricia pura, que despierta los sueños absolutos.

El sol, con su abrazo cálido y fiel, despierta la vida en su andar. En su luz encuentro el laurel, que corona la jornada sin par.

Un ave, con su canto divino, surca el aire con gracia y valor. En su vuelo hallo mi destino, y en su canción, el eco del amor.

La vida es un ciclo de belleza infinita, donde cada elemento tiene su lugar. En su danza, mi alma se invita, a vivir, amar y perdonar.

El Susurro del Viento

El viento susurra en mis oídos, una canción de tiempos pasados. En su brisa hallo los olvidos, y el consuelo de los días agitados.

Las heridas del abandono sanan, cuando el viento acaricia mi ser. Susurra promesas que no engañan, y me invita a renacer.

La Fuerza del Mar

El mar con su inmenso poder, me recuerda la vastedad del amor. En sus olas puedo comprender, que todo dolor tiene su clamor.

Las olas lavan la traición, dejan limpio mi corazón herido. En el mar hallo la razón, para seguir mi camino.

El Abrazo del Árbol

Un árbol fuerte y robusto se alza, sus raíces profundas en la tierra. En su sombra hallo la balanza, que a mi alma perdida encierra.

En su abrazo, el rechazo se desvanece, y encuentro mi lugar seguro. El árbol, con sabiduría, me ofrece, un refugio contra lo oscuro.

La Luz de la Luna

La luna con su luz plateada, ilumina mi noche interior. En su resplandor, cada herida, se calma y alivia su dolor.

La tristeza se disipa en su brillo, dejando solo serenidad. La luna, con su antiguo sigilo, me guía hacia la claridad.

El Canto del Río

Un río fluye con melodía, llevando consigo el pasado. En su canto encuentro armonía, y un nuevo día ha comenzado.

El miedo a ser herido se va, con cada curva del río. En su flujo constante está, la promesa de un amor mío.

El Resplandor del Sol

El sol con su calor me envuelve, dando vida y fuerza a mi ser. En su resplandor, mi alma absuelve, los temores que me hacen perecer.

El abandono se desvanece, bajo su luz brillante y clara. El sol, con su abrazo, me ofrece, un día nuevo que no para.

El Murmullo de la Lluvia

La lluvia murmura suavemente, cayendo sobre la tierra sedienta. En su cadencia, mi mente, se aquieta y mi alma se alienta.

Cada gota cura la traición, limpiando las cicatrices viejas. La lluvia trae redención, y mi espíritu a nuevas aventuras deja.

El Respiro de la Montaña

La montaña se eleva majestuosa, con su cima tocando el cielo. En su grandeza hallo la cosa, que calma mi dolor y mi duelo.

La herida de la injusticia sana, en su imponente presencia. La montaña me llama y emana, un eco de eterna resistencia.

El Danza de las Estrellas

Las estrellas danzan en el cielo nocturno, un espectáculo de luz y magia. En su fulgor encuentro el retorno, a la paz que en mí se fragua.

El rechazo se disuelve en su brillo, dejando solo amor y esperanza. Las estrellas, con su sabio destello, me invitan a una nueva andanza.

GRACIAS, GRACIAS, GRACIAS

Queridos lectores, Con profundo agradecimiento, me dirijo a cada uno de ustedes que ha tomado el tiempo para sumergirse en estas reflexiones, pensamientos y poemas. Cada palabra ha sido tejida con la intención de tocar su esencia más íntima, y el simple hecho de que hayan dedicado su atención a ello llena mi corazón de gratitud. A lo largo de este viaje, hemos compartido más que solo palabras. Hemos explorado juntos los misterios del ego, el poder del perdón, la belleza de la intuición, y la verdad universal que conecta cada fibra de nuestra existencia. Pero más allá de los principios y conceptos, hemos entrado en el terreno del alma a través de la poesía. Los poemas han sido un reflejo profundo del deseo de resonar con su ser interior, de crear un espacio donde las barreras mentales se disuelvan y solo quede la conexión con lo más elevado de ustedes mismos. El propósito de cada poema ha sido sencillo pero poderoso: que encuentren en ellos un espejo donde su propia luz se refleje, que puedan detenerse por un momento, respirar profundamente y sentir la paz que siempre ha estado dentro de ustedes. Que cada verso les haya servido como un recordatorio de su propia grandeza, de la libertad que reside en soltar el control, el juicio y el miedo. Los poemas son un llamado al corazón, a despertar, a liberarse y a vivir desde un lugar de amor y autenticidad. Es mi mayor deseo que lo que han leído aquí les haya traído paz, claridad y una chispa de inspiración.

Que los versos se hayan convertido en un refugio en su día, en un momento de meditación, o en una simple pausa para conectar con algo más profundo. Si estas palabras han logrado tocar una fibra en ustedes, entonces este trabajo ha cumplido su propósito.

Gracias por ser parte de este viaje. Gracias por su apertura, por su disposición a explorar estas ideas y, sobre todo, por permitirse sentir. Sigamos caminando juntos en la luz de la conciencia, dejando que el amor y la gratitud guíen cada uno de nuestros pasos.

Con inmenso aprecio,

SOBRE EL AUTOR

Wilson Agudelo | Terapeuta y Coach Psico-Espiritual | Ingeniero de Sistemas y Gerente de Proyectos.
Ingeniero de sistemas y gestor de proyectos. Con más de 15 años de experiencia, se especializa en el desarrollo de equipos de alto rendimiento en el sector financiero, mientras explora ámbitos espirituales para sanar experiencias traumáticas de su infancia. Como conferencista internacional y educador en conciencia para el éxito, Wilson dedica su vida a ayudar a otros a alcanzar su máximo potencial. Su primer libro, "Entrega y Accede a tu Potencial Ilimitado," ofrece una guía integral basada en su viaje personal de superación y sanación, proporcionando técnicas prácticas para desbloquear el poder interior. Estos conceptos no solo han impactado a sus lectores, sino que también han sido aplicados en la formación de sus propios hijos.

Wilson es también un orgulloso padre de dos atletas de alto rendimiento, Sebastián y Salomé, quienes han sido seleccionados para el equipo nacional. Su éxito refleja el enfoque holístico promovido por Wilson, combinando desarrollo físico, mental y espiritual. Los principios y prácticas detallados en su libro han sido fundamentales en el apoyo y crecimiento de sus hijos. *A través de su trabajo, Wilson sigue inspirando y empoderando a las personas a trascender sus limitaciones y alcanzar su verdadero potencial, fomentando una conexión profunda entre mente, cuerpo y espíritu.*

https://www.instagram.com/wilsonagudelo.of

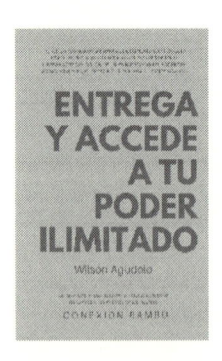

Libros Recomendados del Autor

EL PODER DEL ESPÍRITU SANTO, EL AGRADECIMIENTO, EL PERDÓN, LA ENTREGA Y LAS DECLARACIONES

En el universo de Un Curso de Milagros, la entrega al Espíritu Santo se convierte en un vínculo sagrado que trasciende la dualidad de este mundo. Al confiar en la guía divina, nos liberamos de la prisión de la autodirección egoísta y abrazamos la colaboración con el amor que todo lo abarca. En este proceso, las declaraciones de poder se erigen como herramientas de luz, iluminando las sombras arraigadas en el subconsciente. Cada afirmación es un paso hacia la liberación de patrones de pensamiento basados en el miedo y la separación. Al alinearnos con la verdad y la unidad, las declaraciones de poder se convierten en la música celestial que transforma nuestra mente y abre el camino para la recepción de milagros. Así, la entrega al Espíritu Santo y el poder de las declaraciones convergen en un ballet armonioso, llevándonos más allá de las ilusiones hacia la realidad de nuestra verdadera naturaleza espiritual.

Compralo Aqui
https://a.co/d/oaDgTEPF
Correo Electrónico:
waagudelo@gmail.com
Instagram: https://www.instagram.com/wilsonagudelo.of

DESPIERTA AL LIDER QUE ESTA EN TU HIJ@

"Despierta al Líder que Está en Tu Hij@" es una guía transformadora para padres e hijos, diseñada para niños de 5 a 12 años, que te llevará en un viaje de aprendizaje y crecimiento familiar. Este libro combina cuentos inspiradores, reflexiones profundas y actividades prácticas, siguiendo la teoría del Cono del Aprendizaje de Edgar Dale, para maximizar la retención y comprensión de valores esenciales del liderazgo. Cada capítulo está estructurado para enseñar y vivir valores a través de historias, preguntas de reflexión, juegos de roles y declaraciones positivas que reprogramaran el subconsciente y fortalecerán la autoestima y la resiliencia de los niños. Los padres encontrarán herramientas para ser ejemplos vivos de estos principios, fomentando un entorno de amor y respeto. Al aplicar lo aprendido, tanto padres como hijos experimentarán un crecimiento personal significativo, creando lazos familiares más fuertes y un entorno armonioso. Este libro es una invitación a descubrir y despertar el líder que cada niño lleva dentro, mientras fortaleces tu papel como guía y modelo a seguir. ¡Emprende esta emocionante travesía y despierta al líder que está en tu hijo y en ti mismo!

Encuentralo en Amazon.com
https://a.co/d/8MGI91N

Made in the USA
Columbia, SC
25 October 2024

a39582f5-dfc4-42d6-8a98-12d5a95006c5R01